蹲下来，用孩子的高度看世界

让孩子不委屈，能同理、尊重与分享

谷卓◎著

家有小宝贝

中国青年出版社
CHINA YOUTH PRESS
中青文传媒

图书在版编目（CIP）数据

蹲下来，用孩子的高度看世界 / 谷卓著.
—北京：中国青年出版社，2020.2
ISBN 978-7-5153-4036-4
Ⅰ.①蹲… Ⅱ.①谷… Ⅲ.①儿童教育—家庭教育 Ⅳ.①G782
中国版本图书馆CIP数据核字（2019）第270095号

蹲下来，用孩子的高度看世界

作　　者：谷　卓
责任编辑：胡莉萍　翟平华
文字编辑：杨文文
美术编辑：杜雨萃
出　　版：中国青年出版社
发　　行：北京中青文文化传媒有限公司
电　　话：010-65511270/65516873
公司网址：www.cyb.com.cn
购书网址：zqwts.tmall.com
印　　刷：大厂回族自治县益利印刷有限公司
版　　次：2020年2月第1版
印　　次：2020年2月第1次印刷
开　　本：787×1092　1/16
字　　数：230千字
印　　张：20.5
书　　号：ISBN 978-7-5153-4036-4
定　　价：49.90元

自序

亲子的相遇，是爱的相互成全

自序啊，整本书都写完之后，敲了上万字的我，竟然卡在不知道该怎么介绍我的著作，很真实，书里的每一字句都是身为妈妈与老师每日与孩子相处的现场，有眼泪也有笑声；很不真实，书真的要印了，从小不敢奢望却偷偷有过那么点期待的写书梦想。

我想我拿到成品的那一刻，可能会害羞、担忧，赤裸裸地被检视，怕自己再怎么努力仍不够好，就像当妈妈后，更感到自己要学的还有很多，而内在的状态距离坚定的温柔还有差距。可就是这样啊！每记录一篇，就静下心来思考一次，然后就能再往前进一点，所以，我想我也会喜极而泣，谢谢那位认真的自己没有走失，把这几年“进化”后所散落在脑海中的思绪理清，同时，回溯自身成长的历程，用笔尖真诚的温度，带着袒露的心，无所畏惧的牵起孩子，相互陪伴地成长。

一本书，不只是一本书的重量

当老师，是我从小的志向，从师范体系到一线教育现场，本来憧憬着美好的蓝图，当真的踏进体制内后，又被满满的无力感占据，我是那样的渺小，连安顿自己的位置都保持怀疑，我迷茫地问：“难道我没有其他选择了吗？”

“你真的很适合当老师。”他们都这么回答我，只有我自己不知道为什么。

直到Jivan来到我的生命中，虽然感到疲倦，但他却让我找到了安身立命的力量，好像重新归零学习一样，既踏实又充满挑战。一方面是发现当妈的一言一行处处影响着孩子的样态，尤其是在看过许多中学生带进班的“后遗症”后，觉得家庭教育实在是太重要了；另一方面则来自于异国文化的老公和自身教育的背景，种种大小不一的冲击，使我开始反思：如果是我呢？我希望自己如何被对待？我的心里有没有过不去的伤痕？我要怎样避免把这样的阴影不自觉地压在孩子身上？我在孩子眼中，是个怎么样的妈妈和老师？

我是幸运的，在有所觉察之后，每次遇到棘手的状况，我都会练习提醒自己，要逃脱既有的框架，把眼前找麻烦的孩子看成是自己，思考这个孩子到底想传递给我什么信息，他在天马行空地想些什么，唯有先放下大人的局限，才能更靠近、读懂孩子，而“**越了解孩子，心就越柔软**”，这是我这几年身为母亲，又持续面对无数青少年最深的体悟，诚如才刚和出版社的编辑们达成共识的书名——《蹲下来，用孩子的高度看世界》，我们会看见什么？看见洪流折腾里的静好岁月，看见熙熙攘攘中的幸福。

我毫不在意从此以后会有越来越多的人喊我“Jivan妈”，那个身份是“我”的重生。原来，我的生命也会转弯，我可以有所不一样。美丽的生命注入后，零碎、沉睡的教育观得以实践，进而生活化、明朗化，让我调整观看孩子的角度、应对的姿态、情绪的处理，甚至重新虚心检视自己，重返内心对爱最单纯的渴望。奇妙的是，这样的改变，让我与母亲的关系不再有棱棱角角。

成就孩子，完整自我

亲子的相遇，是爱的相互成全，但也一定会受挫，总是不按常理出牌，孩子总是不懂这是为他好，然而，也一定会有所反馈的。孩子是个独立的个体，父母终究不能操控孩子的人生，但可以用支持和信任来引导，坚实孩子的内在，灌入闯荡的勇气，在望着孩子离去的背影的那天，我们会感到无比的感动和放心。

教育是场远征，无论身为母亲还是老师，所有看不到终点的一切，都会经由时间发酵，身教、精神、态度，亦是如此。没有尽善尽美，只求回顾生命的时候，我没有愧对那些相信我的人。

祝福每位选择成为父母的你，日子别将就，找到安顿自己、教养孩子的力量。

这本书，献给我亲爱的家人，没有你们，我不会这么喜欢现在的我。

谷卓

人物介绍

谷卓（妈妈）

每天都在修练，接纳自己的暴走。终极目标：在自我实现与家庭中游刃有余。

Mira（8个月）

狂野派，爱的发电机，集反差于一身却无违和感的幽默女孩。

Jivan（3岁6个月）

标准“车控”，敏感、观察入微、想象力丰富的暖男，看过爸爸运动时不穿西裤，往后都觉得做运动时不用穿好衣服。

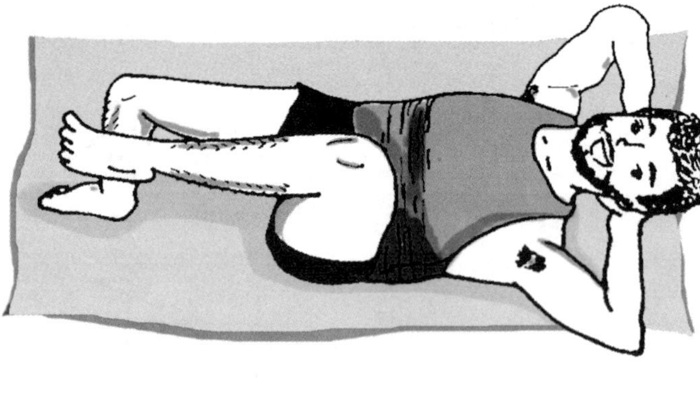

Ra（爸爸）

幽默、易烦躁，爱做家务，很会洗碗、支持老婆，从来不觉得无聊，总是能找到趣事做的男人。

目录

第五章　妈妈心情手札——找回爱的力量

第一章

学习

生活教育，让孩子能自律有自信

“i+1”鼓励法：
如果孩子知道自己可以做到，又怎会想让你失望

荷兰籍老公Ra常说：“我们相信，海是有疗愈效果的！”所以，感冒要下海，有皮肤问题要下海，头痛更要下海。总之，爱海的老公在Jivan只有16个月时，就迫不及待要带儿子下海，巴不得与“子”共游。但事情总不如想象的美好，儿子一见偌大的白浪滔滔，又被爸爸强迫式地抱进海中，就吓得哭着叫喊妈妈，拍拍胸表示“怕怕”！怎么样都不愿意放开扒在爸爸

身上的手脚，眼神在慌张中搜寻妈妈。"妈妈"=Help?

"i+1"：有把握之外，再多一点点就好。

在语言学习中有个著名的"i+1"理论，"i"是学习者当下的程度与经验，"1"则是略高于学习者的学习内容。这个概念适用范围其实很广泛，除了能鼓励孩子，也提醒我们：**在孩子能力可及的范围再往上加一点点的难度，只要"+1"就好，别贪心，不要奢望他马上冲向"10"，甚至百分百达标。因为"Magic One"，孩子至少有九成把握自己能做到（i），并且用这九成的信心，愿意尝试多于舒适圈外一点点的挑战（+1）。**

透过这样的方式，会发现孩子能 i+1、（i+1）+1、（i+1+1）+1……一步一步地搭建信心，不断进步。**孩子的"意愿"很重要，那自己确保能做到的"大部分"，便会让他们"相信"自己能再"多尝试一点"看看。**

在荷兰，食物都是分好在每个人盘子里的，婆婆跟我分享过育儿经验：老公兄妹还小的时候，不爱吃餐盘里的某样食物怎么办？她的方法正好与"i+1"的理念雷同。盘子里敢吃的都吃完（孩子能做到i），不敢吃的至少吃一口（+1）。下次再遇到不爱吃的东西，就从吃一口（i），进阶到吃掉一个（+1），通过慢慢地鼓励，逐渐克服困难，做到"不喜欢吃但还是能吃下肚"。反观我自己成长的经验，都是被恐吓，"吃完！吃完才能离开座位。"我就是不爱吃，根本不可能一次全部吃光啊！于是，我更加排斥，在被恐吓中耍犟，在逼迫中遁逃，印象中，常常是只要那一顿饭出现我不爱吃的东西，我就可以连拖带耗一两个小时，最后还是会浪费掉食物。我想，当时我的母亲一定也很有挫败感吧！

当老公这么想分享大海游泳的美好经验，儿子却哭喊着叫妈妈。我哪有什么魔力让儿子一秒爱上大海，和爸爸跳下去悠游？我有的**是“了解”。了解儿子会排斥，会害怕这片波涛汹涌的海浪，所以，我接受他“不愿意去做”的哭喊**，马上止住爸爸急于分享最爱的海的那颗雀跃的心。首先，我要安抚孩子要“被”放到海里那受惊吓的心，再温和地告诉孩子：“海好大一片哦！妈妈知道你会害怕。”

先同理，连接旧经验，再鼓励。

Jivan是平静下来了，但，**总不能因为儿子害怕，就默许他全盘拒绝尝试！这时最不该说的就是“好了好了，没有没有”，而是要先给予安全感，再根据孩子的经验+1再+1，鼓励孩子张开羽翼，让他了解到“其实我是可以的”**。老公一颗炙热的心正失落着，该如何实现与子下海的“心愿”呢？儿子情绪稳定后，本来连沙都不敢碰，到下海玩水的+1、+1……的过程是这样：

→ 一开始连沙子的触感都怕，想被抱着，沙难上铺着毛巾，坐在沙上的毛巾就好（隔着毛巾坐i，坐沙上+1）。

→ 避免大面积肌肤接触到沙，那我准备工具给你，只要稍微碰到一点点就能玩沙喽（游戏经验i，用工具玩沙的过程中沾黏到细沙+1）。

→ 不敢自己迈出步伐走在沙滩上，妈妈牵你踩稳，一步步走（有妈妈牵着的安全感一起走i，踩在沙滩上+1）。

→ 害怕靠近大海，那妈妈蹲下来，陪你近近"看"（妈妈在i，近距离视听大海+1）。

→ 海浪好可怕，那你先看看浪打在妈妈脚上的样子（妈妈陪伴在身边一起视听大海i，接受最信任的人被自己害怕的东西触碰+1）。

→ 不愿意下水，岸边等浪或踢水都很好（看过妈妈被海浪打到脚i，自己身体的一小部分碰到海水+1）。

→ 当海浪打到全身，即连接旧经验，增添新感受，帮助辨别相似与不同（洗澡从头冲的感受i，海水打湿全身与脸+1）。

"i+1"的鼓励，不只能一步步引导孩子前进，同时也能让抽象的"你可以"具体化，孩子当然就因那些**可掌控、有方向的步骤**，在执行之中培

养出信心。

我和儿子用了一个多小时，他已经全身湿答答的，期待一波又一波的浪潮往身上喷溅的感受。倘若第一次见到海，就马上抱着他，在半“逼”半“强迫”下要求他马上达标，换来的可能是再也不愿意下海的阴影，甚至是对大人的不信任。现在的“一小步、一小步、慢慢来”是一小时，却能成功邀请一颗本来排斥的心，从拒绝到喜欢，是终生真心喜欢大海，与强迫之中可能久留在心中的阴影比起来，不是真的很快吗！

我们的焦点不应该放在孩子距离“自己的期望”有多远，而是孩子已经往前跨进了多少。

现在的Jivan，常常嚷着要去海边玩，我和老公也开始教孩子如何判断水性、岩石、水的浮力与阻力、下水时机等，这对大部分土地都低于海平面的荷兰而言，是极重要的生存技能与常识，并把“游泳”视为国家运动，而海岛地区的台湾省，是否也能保持这样的态度呢？透过游泳练习，深谙水性，掌握在水中身体的控制与自救，要享受便需要深入了解，才不至于过于兴奋鲁莽而忘了安全第一。

请相信，孩子如果可以做到，那他就会好好做，孩子比任何人都希望自己能做好，这自然是一个人建立“自身价值感”的过程。他会拒绝，大多时候是出于对新事物的不了解、被赋予太多期望，或是知道只要示弱一次，他就可以赖着大人帮他做好，才会渐渐养出温室花朵的性格。

我们当然都希望孩子进步，但引导还需有方，这通常是建立在教养者对孩子该年龄阶段本有能力的了解，才能有效运用"i+1"鼓励法，给予适量的任务，并坚定地相信孩子可以做到那"i+1"的挑战，逐步引领孩子往前迈进与独立。

千万不要硬是推孩子前进，不但累了自己，还可能因为失望等情绪，脱口而出一些落井下石的话，造成亲子之间的冲突与误解；另外，若忽略了平常的练习，保护过度，连本有能力的巩固都忘了，某天又突然期待孩子一步登天，那就好比一块千斤顶压在孩子身上，更不要说飞了，要他走都难，最后遍体鳞伤的还是孩子。譬如：对于学习有困难的学生，我若是要求他读懂课文全部的内容，那便是不切实际的做法，反而很可能造成孩子的自我放弃，若使用"i+1"鼓励法，从学生看完文章后，先圈出能掌握的几个字开始，最常见的"的、我、你、了、还"等字，就是平日阅读中的"i"，然后再具体给予学生任务，今天回家以前，记起来文章中的五个新字或生词就是"+1"，放学时再验收他今日的挑战，这样的鼓励，对于识字像无字天书的学生而言，更能有效给予他信心，让他知道他的努力是可以看见成果的。

当孩子拒绝大人的邀请去行动，不妨先找出让孩子有自信踏出第一步的尝试，给予他先觉得这+1"不算太难，或许我可以试试"。那么每一次得到的反馈，便会再给他更多信心，继续再多加一点点的挑战，发挥 i+1、(i+1）+1、(i+1+1）+1……无限大的潜力。

犯错了，
还有比“对不起，我错了”和“惩罚”更重要的事

开始洗澡没多久，Jivan就跑来敲我的门，打开门好像要跟我说什么，不过我示意要他等我洗好。

不一会儿，他又跑来，说：“妈妈，你没有生气吗？”

我迷惑地问：“妈妈为什么要生气呢？我在舒服地洗澡啊！”他关上门，出去后又跑了回来，站在门边等我，手里抱着衣服，他说：“妈妈！我帮你拿衣服来了！”

我一看，正是我的睡衣，还觉得他很暖心，越来越可爱了，都知道东西放在哪里、知道妈妈需要什么。这时，老公从他后面蹿出头来，冒出了一句：“You are not gonna be happy when you see your glasses!”（等你看到你的眼镜时就会不开心了。）

好的，我已经完全知道发生什么事了，难怪Jivan反常，频频来“献殷勤”。我依旧不疾不徐地洗我的澡，事情都发生了，接下来要怎么处理才是考验之处。**我一一完成我手边的事，当作暂时抽离，缓和自己的情绪，也再度向自己内心确认好教养的原则：视孩子犯错为最宝贵的学习经验！**如此一来，这就是我机会教育的契机，它终于来了，因为这是Jivan“目前为止”

犯的最大的错（咦，我怎么感觉充满干劲）。

小跟屁虫Jivan跟着我进了房间，看着我擦脸、穿衣，像贴身丫环似的毕恭毕敬。他趴在我的腿上，凝视着我的表情，观察妈妈的情绪反应。老公说，他起身去倒杯水，回到房间时Jivan就已经蹲在地上，手里拿着断了镜腿的镜框，嘴里念叨着：“宝贝来修理，修理妈妈的眼镜……”原来是这样，其实我并没有产生任何“愤怒”的情绪，只要认清任何人都有可能犯错，那么一位不到两岁的调皮男孩“头一回”弄断了一副眼镜，我就不该妄下定义，给他扣上“故意”的罪名。

所以，当孩子犯错时，我们处理的第一要务，是先帮助孩子**“了解到自己有错，以及他的错误造成什么样的不便与后果”**；孩子有时是根本没意识到“原来这样不行”，那就更没必要大声说话表达愤怒，特别是当孩子已经具备自尊心和羞耻心。将心比心，因为当我们自己不小心做错事而感到愧疚时，也不希望再有人把我们骂得狗血淋头！**有些孩子之所以会选择欺骗，企图要隐藏错误，大多是来自于过往的经验，即只要自己一犯错，大人就出现过度反应和波动的情绪，我们不能控制自己的情绪，平心静气去理解孩子，而孩子避免随之而来的责罚，才被“逼”上说谎一途，因为这对他们来说，是最“方便、简单”的应对方式。**

我的焦点除了让孩子自己意识到自己有错并能勇于道歉、承担之外，便是想想该“如何避免下一次”。何况，一想到Jivan的小身影，有点笨拙又专注地试图“弥补”错误，嘴里念念有词“我要修理、要修理……”的模样，我就更不需要再次雪上加霜地斥责他，误以为那样可以有效地达到教育的目的，取而代之的，**是肯定他在犯错时，愿意负起责任所做的努力**。

重点在解决问题。

事实上，我已经了解Jivan会发生如此大人认为是“不当行为”的背后原因了（越是了解孩子，越能进行有效的教育）。因为他有一副阿姨送的玩具眼镜，它两边的镜腿是可以拆卸再装回去的，以前他手眼协调性较差，只会拔掉而插不回去时，都会要我帮他“修理”。所以我的眼镜会被他看成是“故意”的掰断，其实是这孩子依照他固有的学习经验在探索，想依样画葫芦，试试看妈妈的眼镜是否与他印象中所知道的眼镜是一样的原理。

一旦明白原因，我那就要开始“演”了，毕竟几千块的眼镜不能白白牺牲啊！**我语气温和但严肃地请他站好，我自己则是蹲下来与他同高，好让我可以看着他的眼睛，他也可以专注于我的表情和情绪，这是第一步，即相互尊重，不因为他做错事就矮化他身为人的基本权利**。许多教养者会因为气过头而盛气凌人、颐指气使，看着孩子头低到不能再低，不敢直视我们的怯懦，难道我们就会感觉比较舒服吗？**我们不是要责怪，而是要“教育”，双方视线平行的高度，更能够让信息有效传达**。

“宝贝，请你告诉我，妈妈的眼镜怎么了？”

“宝贝弄坏了。”（其实不必挖洞给孩子跳，一个不用担心犯错受罚的孩子，是会有担当地“跳”出来承认的）

“那，你为什么想碰我的眼镜？”（询问动机/验证妈妈的推测）

“要修理。”

“可是它修不好了，妈妈的眼镜和你的玩具眼镜不一样，你看！”

“真的没办法修了吗？”

“没办法，它完全断了。”（了解自己造成的后果）

Jivan看着我，想了一会儿，他咕哝问：“妈妈生气了吗？”

“我有一点生气，因为你没有问我就拿我的东西；可是我更难过，因为坏掉了要再买一个，很浪费。”（引导同理他人的感受）

他沉默，我接着说：“你知道，不是自己的东西不能拿，对吗？”

“知道。”

“所以，你知道这不是你的东西，你想要修理也没先问妈妈。”

“……”Jivan沉默。

孩子的尝试与探索并不是错误，这是学习的过程。错误的是“**不问而拿**”（焦点摆放），所以我明确告知他错在了哪里。

“妈妈，我错了，这是你的眼镜。”他说。

“那你还要跟我说什么？”

或许是感到妈妈语气中没有那么生气，Jivan松懈下来，左右摇摆、东张西望；我重复叮嘱他站好，他竟然露出调皮作怪的笑容。这下我真的生气了，感到不被尊重，想到遇到过的几位学生，犯错了还能够嬉皮笑脸，这才是最让人生气的，一个人若没有了羞耻心、不懂得忏悔，这样的人何以受教。

针对这一点，我明确对Jivan表示，我说：“做错事，弄坏别人的东西，一点都不好笑！”于是，我请他站好，想想对于“坏掉的眼镜”（犯错后教导重点一：思考后果如何修复）和“难过生气的受害妈妈”（教导重点二：对方的情绪安抚），他可以做些什么，于是我先离开房间冷静，自己也思考对策。

我的短暂离开，是确保我能够继续保持温和的态度来处理事件，因为我不得不承认，在急愤的情绪中，我没有把握能不带着偏见和大人式的权威来解决问题。孩子有权利犯错，犯了错教养者能心平气和，不全是因为他们还小、还不懂，所以要包容，而是，若我们就被事件牵着鼻子走，排解不了自己被惹恼的脾气，那便错失了引导孩子**从错误中学到“负责”，从“善后”中汲取“教训”，培养他们拥有“改错的能力”**的机会，这样的“错”，就错的太不值得了。

Jivan哭着追出来，一屁股坐在我身旁的椅子上看我，用力哭给我看。即便两岁的Jivan还没办法对“断脚的眼镜”负什么责任，但他绝不是嘴上说“知道错了”就可以算了。我坚持他去站着想想，他自我意识高涨地大声回答：“不要！”我坚定地重复两三次“请你去站好”，同时，伸出手等着他来牵着，再将他领到墙边。

从他主动伸手拉着我，不需要我硬拖，就自己起身走这几步，到我指定站好的位置，对他而言并不容易，虽然有我牵着手带着到指定地点，但这已表示他是发自内心明白自己有错的，而他选择面对错误，只是需要我的一点支持和帮助；那句句“不要”只是在试探我的底线，我的温和且坚定，既不需要肢体上的拉扯，也不用动用我身为他母亲的权威强迫他、凶他。

对我而言，也是一项教养观念上的验证，验证Jivan在犯错时，依旧接纳当下那般处理的妈妈，我这样做，是能够**让孩子明白，我是来帮助你的，而不是要惩罚你**。

走到墙边后，他总算想到要对我说“对不起”，一直想依偎上来。

“好！”我收下了他的道歉，扶着他的肩膀问，“那你想到要怎么办了吗？没有眼镜，妈妈看不清楚，明天要怎么上班呢？”他想不出办法，应该是说，他一发现他把妈妈的眼镜折断而他无法修理时，就已经想到要用“对妈妈好、帮妈妈忙”来让我不要生气的方法，是很符合两岁孩子的逻辑了。于是，我主动提议：“那我们一起想办法吧，你觉得用胶带粘会不会有效果呢？”于是，他马上跑过去找到放胶带的盒子。

尽管我要求Jivan想想问题可以怎么样被解决，但一定要记住，**千万别让孩子“一个人”面对错误，孩子会犯错，教养者的反省也不可缺少，倘若在这个时候“叛逃”，留下孤单又缺乏历练的孩子，就别奢望孩子将来遇事时，能拥有良好的解决问题的能力和承担的勇气**。所以，我才会在给予Jivan思考的机会后，再由“**我们一起想**”开始，在关键的善后时刻，创造了“妈妈不会放你一个人”“妈妈支持你”的力量，也就同时增强了孩子“勇于改错的心”，从而培养责任感。

接下来的“假装修理”，Jivan都在一旁尽他所能，他用小小的双手专注地扶着镜框，帮我修旧眼镜，“是这个吗？在那边吗？”拿卫生纸擦胶水，反倒把手指头弄得黏乎乎的。最后，我们俩同心协力“修好”眼镜腿了，但是，可怜的眼镜当然是没法继续稳妥地挂在耳朵上了。然而，这个“假装修理”的过程和功夫不可缺少，当Jivan开心地跑回房间，和爸爸报告“宝贝和妈妈一起把眼镜修好了”的时候，他感受到的是“原来负责，并有能力修补错误，是一件值得去努力的事”。那么，将来再犯错误，便可降低他逃避、畏缩、不敢承认和负责的可能性。

“后果承担”也是需要日积月累的勇气和信心去建立的，在放手让孩子独立飞行以前，这都是教养者需陪伴孩子养成的功课。

眼镜啊！它没有白白牺牲，因为Jivan不但道了歉、负了责，还谨记在心——“不是我的东西不能碰”。以后，我只需要一个提醒：“宝贝，那是你的吗？”他说“不是”后，就懂得控制自己，不再因同一个原因犯相同的错误。“处罚”或许能短暂制止孩子错误行为的出现，但我很贪心，我希望孩子能从错误的经验中学到些什么，并将如何避免再犯错的方式谨记在心，以延续正向行为的时效。

事件处理好，情绪就可以放下了。

“妈妈还是爱我的哟！”

“妈妈爱你!”我们又抱在一起。

这整个过程，老公去哪了呢？他扮演一个旁观者，坐在床上静静地看书，在我弟弟来找我们时，告知他状况并请他先离开，让我好好处理。不插手的“门神”——这个角色反倒是帮了忙，让我第一时间能专注于Jivan的教养上，一气呵成，把整个机会教育好好完成。

你可以不喜欢我，
但你没有权利伤害我

周末龙山寺旁的巷弄里，某些虽窄小却因美味而知名的老旧餐馆，总在午餐时段大排长队，我们一家因为早餐吃得晚又吃得丰盛，过了下午两点才准备再进食，被当地人推荐到一家肠粉店，因为我们很少来这里，就想试一试！况且向来没有耐心的Ra也难得悠闲，不怕挤。

拿了等位号码牌后，我拉着Jivan站在店门口一旁等候，在周围热闹的环境与熙来攘往的人潮中，他牵着我的手，观察得津津有味。这时，有位穿着短到只能看见半片屁股的热裤女士经过，孩子直率不造作，疑惑地直接问："妈妈！她为什么没穿裤子呢？"搞得我立马捂住孩子的嘴，连忙解释，也一边偷瞄那位女士的反应，幸好没有被听到……等待，因为有孩子好奇的一双眼，变得有趣。

不过，在众多形形色色的人群中，他最喜欢的还是搜寻小朋友们的身影。刚好，有一对父母牵着一位大约比Jivan大一两岁的女孩，也在同一间店门口等座位，巷道之小，他们就站在我们前方约一辆摩托车身的距离处。女孩的父母亲都在玩手机打发时间，没事做的女孩开始有点儿不耐烦了，用吵闹寻求父母的关注；Jivan被她的声音吸引，静静地看着那女孩。

突然，女孩往前踏一步，对Jivan说：“我不喜欢你！”

Jivan一愣。

这一声，没有让女孩父母放下手机，倒是引起了我的注意，我心想：“这是在对我儿子说话吗？”我提醒Jivan可以看看路上的车子、天空的小鸟，或做别的事情。不过，孩子还是同侪相吸，不一会儿，Jivan又把注意力转回前面不断发出声音的小姐姐……女孩发现他，又接着说：“我不喜欢你！我才不要跟你玩！”“我不喜欢、不喜欢你！”

那一字字听在耳里铿锵有力，扎往心里甚是疼痛。Jivan做了什么？我无权介入他人的教养，但我很不愿意Jivan反反复复去承受这莫名的言语霸凌。将来，孩子无可避免要一个人面对外面的风风雨雨，结交好友或可能遇到排挤与被排挤的状况，**但这个世界，小到班级，大到社会，每个组成的个体，过度强调言论与行动自由的权利，却忽略在自由意志之上，仍是有所规范，是有人情世故中“厚道”之必要。**

店内依旧忙碌，我决定先把Jivan带到远一点的地方等。不一会，我竟然听到Jivan对着一旁无辜的摩托车，好像在练习一般，生涩又凶神恶煞地指着它说：“我不喜欢你！”“我不喜欢你在这里！”

“哦！不！怎么学得那么快！”这真是个大染缸啊。

向来温和、不曾出现敌我意识行为的Jivan，马上如法炮制刚刚说话的口气，对着手无寸铁的对象，做出刚才年纪稍长的姐姐对他做的事情。Jivan和摩托车，受害者变加害者，俨然阶级的划分，只不过机车是无感之“物”，倘若今天受言语伤害的对象变成比Jivan弱势，且年纪较小的感受之人呢？我不假思索，赶紧蹲下制止。

“宝贝，摩托车对你做了什么吗？”

“我不喜欢它！”

“我听到了，你不喜欢它停在这里。那我们能怎么办呢？它先停在这里的啊！”

“……”Jivan嘟着嘴不说话。

“你不喜欢的东西或人，有别人喜欢，每个人都可以有不一样的感觉。**如果你真的不喜欢，你可以小声地告诉自己，或放在心里就好，然后去找你真的喜欢的。你有权利不喜欢，但你不需要大声说出来，因为听到的人会很难过的。”**我想借着这个机会，让Jivan明白一件事：

不管你喜欢还是讨厌，都不可以把自己的自由凌驾在他人的权利上，进而伤害了别人。

然后，我直接点出刚才那个女孩的行为，尽可能不带评论问他：“是你听到刚才那个小姐姐对你说‘不喜欢你’是吗？”

“是。”

“你想学小姐姐说话？”

Jivan沉默，又嘟着嘴，眼神飘向别处，似乎在抗议为什么小姐姐可以那样说，而他不可以。

我赶紧说：“妈妈知道你什么都没有做，所以听到她那样对你说话的时候，我觉得很错愕，既难过，又有点生气，因为她根本不认识你，不知道你的好。”

Jivan问：“妈妈，你会难过吗？”

“只有一点，**因为我知道我很喜欢、很爱你。你很好、很重要，不因为别人喜不喜欢你而改变**。知道吗？”

“知道。”小小的Jivan点点头。

我这样说，用意在让孩子明白，他的价值感不是建立在他人的言语中，我不能保证孩子在未来的人际关系上不会受伤，但我可以确保孩子不成为让人受伤的人，并培养孩子感知自己的内心感受，面对伤害时展现“韧性”。

拥抱Jivan的时候，我明确告诉他：“我们不说让人难过的话，我相信你可以控制好自己的嘴巴，做个温暖的人。”还请他向摩托车道歉。当然，我们还是可以有所喜恶，但是要做到“对事不对人”。所以，若是您也遇到这样的状况，与其对孩子禁止或吓阻，不妨试着用“你可以明确告诉我，是‘他’做了什么‘事’你不太喜欢吗”的方式来引导，效果会更好。

言语是把双刃刀，我们要教导孩子去判断，什么话可以说出口，要如何表达，什么话会侵害他人权利、划伤他人，给心灵带来创伤，此即“人格教育”。而教养者从事发之初窥见端倪，**“不忽视”就是让这个社会更加友善的助力，多一份同理心，少一份伤害，别让你漫不经心的“没关系！孩子还不懂”，歪斜了孩子人格的发展**。

根据“儿福联盟”调查显示，中国台湾约有六成学生在上学期间遭遇过轻重程度不等的霸凌事件。而在我自己的学生阶段，从小学高年级到高中，都曾经历过言语和关系霸凌。

在那个时代，对于“霸凌”的观念微乎其微，虽然我的导师们都或多或少地发现，我也隐约向父母求助过，例如：不去上学、哭着要转学，却都只得到“你不要理他们就好”的劝说，身为被欺压的人，这句话真的一点帮助都没有。倘若当时，有老师或父母跟我说：**“我知道你心里很难受，但是你真的很勇敢，还会来上学，很努力求知。如果有什么我可以做的，一定要让我知道。”真的就只要这样简单的语言，我不一定会需要他们的协助，但脆弱与受伤的内心会长出更多面对的力量，我知道“抗战”的路上我并不孤单。**

在我为人师之后，正因为曾经是身为坐在教室里无声流泪，戴上耳塞沉默的那一位，我便更加留意学生间的相处，警觉班级的气氛，关心那些被欺压的学生，知道遭同侪伤害的学生最需要的是什么。如果我动用教师的权威，责罚霸凌者，那“以暴制暴”只会加深他们对被霸凌者的厌恶，使他们再度转嫁于被霸凌者。所以，**我会在观察一段时间后，把被霸凌的学生私底下找来，告诉他我发现的事情，并坦白承认我没办法让他一下子被喜欢，但是，我愿意陪着他一起修正自己、面对困难、聊聊生活，尽量让他感到自己还是被人爱着，降低在校学习期间受影响的情绪，甚至是否定自己价值的念头的产生。**我必须让孩子了解到“**真正的掌声必须来自自己，一个人如果不能自我肯定，外界的掌声再多也是没用的**（班杰明）”。这份用行动和关爱展现出来的信任、肯定、鼓励，绝对比说“加油”“不要理他们”有力得多。

然而，**霸凌者何尝不也需要被帮助，行为出现偏差的孩子，都是在发出一种等待被救助的信号**。他们可能从小被至亲之人忽略，或是被迫身在一个充满言语或行为暴力的家庭而迷失了对错的界线，无论是哪种因素，霸凌者的身心也是需要辅导的。回头想想前面小女孩的例子，她正是一个用错误方式寻求“手机控”父母的关注，却遭到“冷落”的例子，长期被忽视将导致孩子逐渐步入偏差的价值观和人生观。

除了说“我不喜欢你”、把玩笑当趣事的人，和被当成笑话、被动承受被讨厌的人之外，其实团体中的其他同侪，亦担负同等重要的责任，**没有一个角色是局外人**，无论是冷眼旁观还是落井下石。占大多数比例的他们倘若默不吭声，便是助长情势，**教养者若在孩子成长过程中，培养孩子洞察他人感受、判断是非、学习求助、善待他人的正义感，他将会成为关键的“那个人”**。

在社会化的过程里，我们必须让孩子理解：快乐和自由，是有“前提”和“规范”的。在孩子进入团体生活之前，**我们可以亲自牵着孩子从了解“限度”做起，也就是不为所欲为，从生活中的“情理法”开始实践**。

入秋后的一个晴天，我带着Jivan到木栅动物园玩，一路逛到“河马广场”时，我本想说已经过了中午，就坐下来休息吧！可一岁十个月的他，看见一群孩子们爬上爬下地做游戏，兴奋地也要去跑动一下。当时，我坐在一旁的椅子上观察儿子，同时注意到许多父母一见到栩栩如生的河马雕像，就迫不及待地把孩子抱到河马身上，要孩子“耶”地笑出牙齿拍照。Jivan

站在雕像旁看着，我知道他心里也想上去坐坐看，他先看了我一眼，我只对他轻轻微笑。结果，他并不是一个劲儿地往上爬，而是先伸手摸了摸雕像的温度，他在“判断”可行性！**我便观察少了我在身旁帮他，他可以做什么，他能够独立思考自己想要什么、怎么做。**

他因为摸了雕像后觉得太烫而作罢。我起身绕着河马雕像欣赏，印入眼帘的却是斗大的字样：“请勿攀爬”！而且有好几面告示围绕在雕像四周。我震惊那些无视清晰标语的父母的举动，然后便直接走到本来想踩上较低的河马雕像的儿子身旁。虽然知道他看不懂字，我还是领着他到告示前蹲下：**“宝贝，我知道你也想到河马的身上看看，但是你看，这里写‘请勿攀爬’，意思是不要爬到河马身上！”停顿一会儿后，我邀请孩子，“我们一起遵守哦！”**

儿子似乎能够理解，他抬头看着其他在雕像身上的人，我跟他解释：“或许他们没有注意到告示牌，但这是动物园的规定，我们可以一起保护河马，让它不要受伤。”接着，我先指给他看雕像表面掉漆受损的刮痕，接着请他和我牵手离开，到附近的座位用餐。

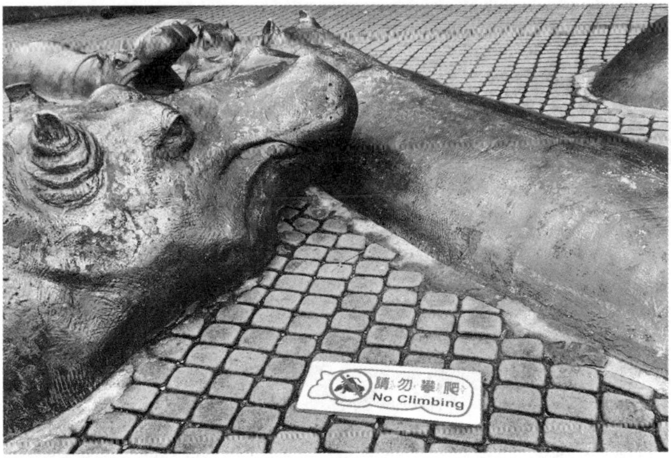

“请勿攀爬”——动物园的告示，或许有安全上的考量。但后来我才发现，台北动物园的河马雕像，

竟然是世界票选前二十五名街头雕塑品之一！即便游客不知是艺术品，至少我们可以遵守园区规定。**没有文字规定，也要有判断能力，对于公共场所的装置，要带着尊重与感恩的心**。父母漠视告示，把孩子抱上雕像拍照的行为，或是任由孩子爬上跳下，孩子便错过了学习如何维护公共物品或警惕自我的机会，少了留心观察周围环境的谨慎心思。

“只要我喜欢，有什么不可以！只要我快乐，为什么要遵守！我想说为什么不可以！”教养者当然希望孩子在成长的过程中，享有满满的快乐，然而，爱着孩子的父母，更要从“身教”开始，带孩子多留心观察，遵循告示、警语等，进而了解社会当中“规范”（法则）存在之必要。**从对“事物”到对“他人”，练习“有限度的自由”，彻底明白什么是“不因一己之私、一时之快而伤害了他人”**。

防不胜防，我们不可能永远在孩子身边当防火墙，也无法总是在第一时间跳出来及时鼓励孩子，因此，培养孩子由内而生的“韧性”格外重要，他必须有自我修复、伤口愈合的能力。

“韧性”可以说是人面对压力与挫折的正向处理能力，其与“个人的价值观”和“自我相信”高度相关；那决定一个人遇到不顺遂之事时，是责怪外在还是自我反思，是断然放弃还是坚毅突破。

Facebook首席运营官——雪莉·桑德柏格，在她《拥抱B选项》一书中提到“教出有韧性的孩子”的四个信念：

一、**“掌控感”**，视逆境为机会而非威胁，让孩子相信自己可以掌控自己的人生。

二、“**成长心态**”，保持这样心态学习的孩子，不是用天分决定自己要不要做，而是坚信努力能造就改变。

三、“**受重视**”，孩子相信自己的重要性，知道自己说的话和想法能被用心聆听，生活在信赖和关爱中。

四、有韧性的孩子相信自己是“**有力量**”的，能够觉察自己的强项，还能用来帮助他人，改变糟糕的状况。

我终须明白，孩子不在我的襁褓后，社会化的碰撞会接踵而来。今天有人说不喜欢你，明天有人踩着你的真心，后天有人扯你后腿，妈妈会让你知道：亲爱的孩子，只要你愿意，你可以一直对他人好，你的价值是自己定义的、你的高度是自己攀登的，但别让那些好，把自己弄得遍体鳞伤、坑坑疤疤，却仍只是他人眼中的笑话。要学着判断，为自己设底线，也不让自身的自由越界。你的善良，是要留给愿意投以微笑与珍惜的人。所以，感到不舒服的时候，你不用再勉强自己笑脸迎人，因为你不需要迎合任何人、不用讨好。

我希望你能比我坚强，拥有被讨厌的勇气，而依旧自信地活出想要的样子，无须攀附。你或许忍气吞声，或许强颜欢笑，可是你要知道，有人舍不得你的好，被当成游戏一场。

不能忍，就不要忍了。

I NEED
VITAMIN
SEA

教孩子明白：等待，是为了更完整地被满足

晚间，Ra一边帮怀二宝的我按摩静脉曲张的小腿，一边听我说工作上发生的重大事件。这时候的Jivan总是会在一旁凑热闹，挤乳液啊、捏捏大腿什么的，他最不会置身事外了，尤其是和父母一起的睡前时光。

或许是回归职场后相处的时间变短，又感受到妈妈不如往常充满活力陪他做游戏、抱上抱下，他偶尔会为了吸引妈妈的注意而出现过度夸张的反应，譬如，一点小小的擦伤就鬼哭神号哭断肠，试图得到更多的关切和爱。这很正常，我都尽力回应，不过，调皮式的故意打岔，就不能事事顺他的意，以免变成理所当然的小霸王。

我们夫妻俩才开始聊没多久，Jivan就开始故意捣乱，做出各种寻求关注的行为。只要我一开口，他也开口唱歌，我中断谈话、转头，看了他一眼，便先忽视，让他知道我听到了，但我并不打算回应；于是我更用力地大声说话，他才又开口，Jivan也更卖力地在下一秒开口唱歌。我停下来看他，他也停下看我，偷笑。反复几次后，我决定先处理Jivan的状况，是的，我让他知道“你得到妈妈的关注了，我也感受到你的好心情了，但是，你必须学会等待”。

我曾看过一些教养名人的观点，有的会强调“暂停手边的事务，第一时间回应孩子”的重要性。从教育和教养的反复试验中，我几经思考，决定调整成“有条件”地执行。原因在于，当孩子已经不再是襁褓中的婴儿，有需求只会用哭闹的方式表达，而是在成长的过程和一来一往的人际互动里，开始懂得有目的性地出现一些社会化的行为，我们的反应，便将影响着孩子是否持续做出那些行为，是增强还是削弱。

无论是聆听者、发言者，或处在任何关系之中，都会有被打岔和被干扰的时候，当身为教师的我，要回应此起彼伏的学生一下这边叫、那边问，谁都抢着要被注意到，却谁也都得不到完整的回答时，不了了之便将招致怨言，我也容易莫名变冤大头。所以，只要从教养做起，修正观念和做法，孩子将不只会等待，也懂得尊重，而这一切，并不破坏彼此之间的和谐。

学会“耐心等待”是必要的，让孩子明白“**等待并不等于不爱，没有谁有义务要第一时间服务谁、被谁服务，有时候，等待反而是为了得到更完整的满足**”。若是没有立即处理的必要性，让孩子练习“满足的延迟”，在等待的期间克制自己的情绪，缓解固着，磨炼心志，千万别让孩子养成“我现在就是要”的唯我独尊性格。这并不是要我们忽视孩子，**记得在训练孩子的等待时，要先给孩子“你很重要”的归属感**。

我通常会采取这样的动作，先短暂停止我的动作，温柔但严肃地告诉孩子：“我听到你唱歌了宝贝，你现在一定很开心和我们一起分享，但是，我是先跟爸爸说话的，‘我’需要‘你’的尊重。”开头一定是**先同理，再说理**。

“好。”Jivan这时会因得到我的回应而稍微冷静，他知道妈妈爸爸并不是没有听到。

但当我重新开始和Ra再讲话，又是没说几句，他还是忍不住开口打岔，我再度短暂停止，看着他的眼睛，邀请孩子配合："宝贝，我需要你尊重我和爸爸，等我们说完，我就可以很专心、好好地听你唱歌了，我知道你是可以等一下的。"

第二次提醒，我就会明确让孩子知道，尊重与等待过后，将会发生什么事。如果他换成发出别的杂音或要求来寻求关注，我就给他提供一些选项，帮助他度过等待，比如，"你要先去玩车子？还是去看外公在做什么？"

那天晚上，他选择去和外公聊天说晚安，离开房间时还说了一声："妈妈，你们继续讲，我等一会再来哦！"

后来，我当然也要履行我的承诺，当我叫Jivan再次回到房间的床上准备就寝时，他问我："你们讲完了吗？"

"讲完了，谢谢你等我，我现在也可以好好听你唱歌了哦，或者你有什么话想对我说？"我们聊了好久好久，彼此拥抱着，心满意足地入睡。

建立归属感→邀请尊重与等待→感谢。

请让孩子知道：等待，是为了双方能更专注、更完整地被满足前的过程。

当然，别总是让孩子等！**父母善于倾听，孩子也会发展出聆听他人说话的能力；聆听他人说话的能力，对孩子入学的学习，是非常有帮助的。**所以，我尽量在Jivan要跟我说话时，能暂停就暂停，停止煮饭、停止吹头、暂停洗澡、暂停备课，两人还曾经在路旁人行道上蹲着，观察红绿灯里小人的标志、起重机的吊挂作业、马路上铺柏油后写了好几个“慢”字，等等。但当我不能随心放下手边事，或是我已经在和他人谈话，暂停可能会占据他人的时间或影响作业流程，而让我感到坐立难安时，我便知道当时我的状态是无法好整以暇地专注倾听孩子，那么，就必须温柔且坚定地让孩子知道，“不好意思，现在你需要稍等一下，那是为了不让你感到妈妈只是在敷衍你，妈妈会一心一意，好好听你要告诉我的话，但请你也先给予尊重和耐心哦”。

在教育课程中，常会听到“延迟满足”（Delay Gratification）一词，意思就是孩子能否在获取渴望前，克制住冲动的“自律”能力。而能克制冲动、自我约束的能力，将影响孩子日后的坚持度、专注力、管控情绪的能力，“挫折忍受度”也相对高。因为，“延迟满足”表示孩子能为了更大、更高的目标而忍受当下的状况，他愿意“延后”他的成就感和满足感，不因过程中的挫折和失败而放弃坚持，换言之，就是不短视近利。

刚出生的宝宝，有生理上的需求需要马上被满足，我一开始的确也尽量当一位“有求必应”的母亲，先给予婴儿强大的安全感。但大约从Jivan八个月开始，我便使用我们独有的“等待”手势，即便只有几秒钟的等待，也是练习的机会。手势出现后，一定清楚让他知道“等待，最终还是会得到满足”，要帮助孩子建立因果关系，“只要我耐心等一下，妈妈就会来帮我，我就能被满足”。如果真的是不可行的事，妈妈的回应就不会是“等待”。

我们之间的默契手势是口说“等等”，并配上一个右手拍左手背两下的动作。这样的动作和话语，是八个月的Jivan能完全重复的。之所以加上拍打，一来是借由模仿妈妈而帮助他转移注意力，缓解固着；二来其实是为了日后，即便我不用说话，只要和孩子一对眼，用一个简单的动作，孩子就明白当时的自己该有什么行为。再往后，就可以简化到不用动作，而用眼神交流。

在Jivan一岁两个月时，发生了一件令我印象深刻的事。那天做晚饭的时候，只有我和Jivan在家，我先切好一盘餐后的苹果放在桌上，小Jivan背对我爬上桌，伸长胳膊要去拿玻璃盘里的苹果，幸好我转头看到，担心他整盘拉过来掉到地上摔破，又担心大喊“不可以”会吓到他而让他摔下来，我尽量展现温和语气，赶紧说“等等哦！等爸爸回来再吃”。背对着我的Jivan根本没有回头看我，他光听到“等等”，就马上收手，反射动作做出右手拍左手背的“等等”手势！哇呼！因为孩子记得这个词与动作的关系，整盘苹果和孩子都是完好的。

后来，Ra回家后，我赶紧拿一片苹果给Jivan，“可以吃喽，谢谢你的等待哦！”孩子表现出延迟满足的耐心行为后，家长别忘了给予肯定。那时候，我更加确定Jivan能克制“想要”，懂得“等待”之必须，和了解“等待”并不代表“满足的需要”会被忽略或遗忘。

许多教养者都会对孩子说“等一下”，无论是吓阻、不耐烦或轻声细语，但是，只是透过对着孩子说，就奢望孩子懂得达到“延迟满足”的效果，是枯木生花，有难度的。年纪越小的孩子在等待时，越需要注意力的转移，当他还没有能力自己转移时，大人就必须有策略地培养他“暂时抽离”的能力。另外，有的大人则会选择马上放下手边的事情，焦急地要安抚与回应“好了好了，妈妈来了”，其实，当孩子已经不是婴儿时，这样做容易让孩子丧失练习等待的能力，无形中培养出孩子“想要什么就非要马上到手，否则就会情绪失控”的霸道个性。

记得有一次，被我的荷兰婆婆看到我对Jivan比出的手势，她非常好奇地问我在做什么；还有几次在公开场合，我也不免觉得自己的行为是否有点怪异和尴尬！但直到现在，我知道我的坚持是对的。

虽然**“抑制”的能力，普遍在三岁到六岁之间发展，它与大脑皮质中的前额叶有关，但三岁并不是一个一翻两瞪眼的绝对分水岭，孩子的思维与认知不会一夕之间迸出，所以，在那之前的教养与坚持等于铺路**，省去像是孩子得不到想买的玩具就在地上撒野哭闹，或是被迫暂停游戏就崩溃大哭的麻烦情况。

Jivan在一岁多时，除了已练习“延后享受、延迟满足”的等待功夫之外，我也持续做这件事，例如：从众多想要的东西中，“只”挑选一个自己要的，“对，就是只选一个，你的等待换来‘一个’你真真正正需要的”。像是一岁的时候，他在一旁看我扒掉葡萄籽，然后等我整盘拿给他，请他看好后，选一颗，吃完再拿。抑制立即想要的欲望或外在诱惑，也抑制狼吞虎咽和全盘占为己有的贪婪。

等待，让孩子从中学会尊重，达到自重。不容忽视的是情绪的缓解、固着转移的能力，也同时在“等待”的这段时间中逐渐培养。

Jivan两岁七个月，我们一家搭乘公交车赴约，我和Jivan坐前排，Ra一人坐后面一排。

Jivan看着窗外的车流，对我说："妈妈，我喜欢白色的车子，白色的车子最帅！"

"我们以后买白色的车可以吗？"

"嗯！"

然后，他也想告诉爸爸这件事，便从椅背的缝中看向Ra说："爸爸！我们以后要买白色的车子喽！"他只说了一遍，我没听到Ra的回应，Jivan转身回来低头絮语：**"等爸爸没有看手机的时候，我再跟他说。"**

我的心头一颤，听见孩子小小心灵里的失落，我跟他说："爸爸在看手机，所以没注意到你在跟他说话是吗？"

"嗯……"

"那，你等一下记得告诉他哦！"

"好。"他竟然只说了一遍，就选择不再打扰，是早熟、体贴，还是认清事实？

若从Jivan已发展出"耐心等候"的人格特质来看，那是他具有判断的能力，他知道他必须等待"发言权"，等待双方处在同样的频率和完整的专注之下，方能畅通谈话的认知，这何尝不是"自重"，也尊重忙碌中的爸爸的表现。我固然心疼Jivan的善解人意，然而，父母心不在焉，孩子是绝对能感受到的。

这件事情也是给做父母的一大警惕——孩子，都看在眼里。当兴高采烈想和你分享些什么，两岁的孩子已经能懂得“你在看手机，你不会回应我”，即便是为了冠冕堂皇的理由，孩子仍会选择放弃和你互动，就像抛出一颗不会回击的球，自己默默地捡回来放下，错失了强化亲子关系的机会，而你，没有发现。

幸好，看在眼里的我在事后把这件事告诉了Ra，愣了几秒没说话的他，倒抽了一口气表示：“I am shocked…”这位父亲让空气都凝结了。满是愧疚的Ra，那个觉得总是自己提醒我少看手机的人，说要把手机丢了，却只要一看就耳朵关起来的男人，之后的整晚，用200%的力气来陪伴和弥补，与Jivan制造满屋子的欢笑，当骑大马、躲猫猫、搭帐篷、拥抱游戏，没完没了时，他们简直都要把屋顶掀起来了！后来，Jivan带着笑靥跑来告诉我：“等爸爸没有看手机的时候，我们就一起玩了！”

Word hard, parenting hard（努力工作，努力为人父母），这是数字化的时代，无解也有解，端看自己是否在意孩子的成长，还有自省自治的功夫。我和老公讨论出来的结果，一致认同孩子在时，不消磨时间在屏幕、无目的地玩手机上，其他情况则有两种方式：

一、工作上临时的需要、紧急状况，必须在孩子在的时候看手机

父母双方都在的话，要工作的人到一个独立空间，专注地速战速决，留下的另一人则专心陪伴孩子。只有一位家长与孩子独处时，则在用电子产品前，先告诉孩子原因、大概会花多少时间、需要孩子怎么配合，用完后随即关上屏幕，感谢孩子的理解与等待。

二、专属的约会时光

生活使人汲汲营营、忙碌不堪，我们要怎么静下心来，稳定且专注地陪伴孩子，取决于我们自己时间的规划。“一对一专属时光”，夫妻两人一周一到两次，一次一小时，可以明确地让公司或他人知道，这段时间不接电话，甚至关机。

双薪家庭，长时间的陪伴和工作上体力的耗损，常让我们有身心俱疲的感觉，然而，不在于时间的长短，而在时间使用上的“精实度”，即便陪伴的时间不长，但我们的全心全意投入，仍能建立孩子的归属感，从爱的交流中感到自己的重要与独特性。

在孩子成长的道路上，许多时候、许多事情，我们急不得。“沉着等待那内心渴望立即被填满的欲望”，当父母慢了，便成就孩子亲自动手完成；**当孩子忍得住蛰伏了，康庄的未来将指向更高层次的满足。**

孩子能定，心便静——让专注变成习惯，重复造就卓越

朋友的孩子小Jivan两个月，有一天，我们俩各自带着一岁多的儿子去亲子餐厅，我和Jivan吃完饭后，他去游戏区转了一圈，选了架子上的一本书，说要看。对桌还在一边忙孩子、一边塞冷食物进嘴里的朋友见状，问我："Jivan多大开始可以一直坐着看书的啊？我们家这个连吃饭都不愿意坐好，给他书也都不看。"

回忆起爱看书的Jivan，快满一岁时还无法听我念完半本书，当时，我们每天一起坐着吃完早餐，他还坐在餐椅里的时候，我就会拿书来陪他一起看，让亲子互动为"阅读"这件事加分。直到试到一本能引起他好奇的宝宝操作书后，我就开始执行每天都看同一本书，从一开始的惊奇，到后来每一页有些什么的记忆力训练；也就是先找到书本中吸引孩子目光的一个小点开始，兴趣就在其中被培养起，"好好坐着"的常规也一并建立。接着，**固定的事情重复做，习惯就养成了**。有趣加上习惯，一岁多起，Jivan每天早晨的专注力训练，就在亲子共读的时光中展开。所以，没有孩子不看书这件事，只有父母不坚持、不陪伴，在还没摸索到孩子的喜好前，就先入为主地觉得"他就是不会做啊"而放弃持续帮助孩子探索。

至于，坐好吃饭也是同样的执行方式，“吃饭皇帝大”意思绝对不只是“吃饭很重要”而已，它还包含对“吃”的态度，教养者养成让孩子坐好再开动，是对食物的珍惜，对大地心存感恩，对为了饱食而努力的人们的尊重。

有许多家长为了在吃饭时间让孩子坐好，连万能的手机都供上了。坚持不用手机的，常会是这种状况：两夫妻又是安抚，又是吃饭，又想聊天，孩子不断上演“你丢我捡”或是敲碗筷的吵人行为，不如意就大叫，把大人搞得团团转，还不断被投以异样的眼光。一顿饭下来别说餐桌礼仪了，连饱餐一顿都没有。面对孩子持续的这些行径，大人总是以“没办法，孩子的个性就是这么强势啊”来解释，其实这都是出自于孩子知道“我这样做，对得到我要的东西‘很有用’”。而孩子想要得到的，往往都是父母的关注，因为孩子知道“我丢了妈妈会帮我捡，我大叫爸爸会把我要的东西都给我……”自然引来父母关注，以至于孩子依旧学不会规矩。

其实，孩子开始可以抓握，自己能决定东西要不要掉落，是很吸引人的大发现，因为他们对于自己的身体有更多的掌控。我的建议是：我们可以先肯定孩子能够精准控制抓和放，让孩子一来一回“练习”几次后，就可以语气平缓地提醒孩子要好好握住，吃饭时间丢东西是不被允许的，等玩的时候再陪孩子一起游戏；再不然是孩子不断大叫，制止无效，可暂时带离现场单独教。基本上，孩子在肚子饿的状态下，“吃”当然是第一，知道教养者能喂饱他，他就会展现合作；反之，教养者就要想想，是不是孩子不够饿、身体不舒服、食物不适合等原因，所以才不好好配合吃饭。

Jivan六七个月时，我们就让他明白，“吃饭时间，大家要一起坐着”，倘若他不好好吃，也必须等妈妈吃完，再一同离席，绝对没有“你去旁边玩”这种事。如果我想好好享受一顿饭，就不可能放任孩子想做什么就做什么，“餐桌礼仪”绝对是从平日生活中养成的。

起初他当然总是挣扎着想爬出餐椅，我会准备几样小食物，我一边喂食的时候，他也不能闲下来，开心地弄脏弄乱都没关系，吃完后还可以画画，等等。给Jivan“自己”保持忙碌的东西，“有事做”以协助他坐好、坐满时间，身体安定了，心就安顿了。当孩子感觉用餐时间坐在餐椅上和大家一起用餐是快乐的，那么脑内的快乐神经传导物质“多巴胺”，就会促使孩子愉快且持续地做这件事。

在孩子学会“自律”以前，必须要由教养者的“他律”开始，明确引导孩子符合规范，画出“他律”那条清楚的界限。当孩子从“外在规范”进步到自然而然在“阅读”和“用餐”时，就表现出合宜行为的习惯，大人即可进一步协助孩子“集中注意力”，排除环境上的干扰，持续该得体行为的维持，同步建立起孩子因“良好习惯”而发展出“自律”的能力。

习惯成自然，我们给孩子灌输正确的用餐观念，渐渐地，大脑将这些观念“习惯化”，俨然成为内建的“自动导航”，表现在外就是孩子的行为。所以，良好的习惯要从小养成，让他律变自律，是为了日后的省力。

在信息爆炸的今日，如何找到信息已经不是问题，如何过滤、撷取出最适合的信息，反倒是当今教育备受挑战的学习能力。父母要怎么培养孩子坐定，控制自己的专注力，稳固学习的基础？孩子能“定”，首先需要“规律的生活作息”，让身体与精神状态先处于一种稳定的最佳状态。想想一个已经到了睡眠时间的孩子却还无法入眠，若这时又发生无法称心如意的事时，一定是马上哭闹，因为他被疲累淹没了，在他的情绪之下，是他的基本需求未被满足。**有了规律的作息，教养者在成长的过程中，即可开始给予孩子“必要的规范”和“有限度的选择”，从“行为的抑制”方面着手，让孩子明白必须全神贯注于当下正在进行的事物，并贯彻始终。**

“必要的规范”不免会需要配合外在的“抑制”。起初，看似是孩子行为被限制、被约束规范了，但随着他们的成长，其实是在训练孩子大脑中控制注意力的前额叶。“我知道你很喜欢你手中的车子，但我相信你知道，吃饭的时候要坐好，不玩玩具。你要自己把玩具车停好，还是妈妈帮你收好？”

或是本来好好地在亲子共读，孩子却因为外头垃圾车的声音走神，想跑到窗户旁边看，陪伴在侧的大人就可以提醒：“你知道那是垃圾车的声音对吧！我们专心来听，听听它离我们近还是它开走了呢？”千万不要在这个时候责备孩子，“你怎么这么容易分心！”孩子对世界保有好奇心是正常的，我们只需要稍作修饰，把好奇心用另一种可接受的方式排解，帮助孩子调整至恰当的行为即可，然后马上持续专注、约束自我，如此，将会影响日后的成就。

我常说，教养都在生活中的小细节里。学龄前，甚至是不满一岁的孩子，已经能够凭借大人的帮助，抑制自我行为，例如：去逛玩具店，让孩子把喜欢的玩具放回去，抑制想要带走的欲望，和教养者平静地离开，就是从行为上达到约束的效果。教养者更可以借此带着孩子练习“好好道别”这件事，孩子会慢慢学习到的，有些时候，即便再喜欢，也不一定要占有。更重要的是，挥手告别的那刻，心中便接受了当下的情况。久而久之，日后也不会发生小霸王在公开场合打滚耍赖，出现哭闹“我就是要”的情况。

另外，也可以用食物来让孩子练习行为的抑制。教养者可以准备孩子爱吃的东西，告诉他一次只选一个吃，嘴里的吃完再伸手拿第二个。接着，教养者吃一个，吃完了，才换孩子拿一个吃，不只拉长等待的时间，抑制“想要”的感受，孩子还需要学会“同享”。两岁上下，不妨就可以试试，拿一包完整的孩子爱吃的东西给他，然后在孩子吃到一半时，请孩子终止，并将剩余的半包食物还给教养者，“宝贝，好了哦！我们要下车了，整包饼干先交给妈妈收好，还有一半留着明天再吃哦！”当孩子能够立即停下，并将喜爱的东西交出时，就是能够“克制与控制”的表现。

还有，想要让孩子在控制行为或约束自我方面能做到让双方都满意的结果，那么，提供有限度的选择，亦不失为一个很好的方法。

“有限度的选择”，是在教养者可接受的范围内提出两到三个选项，像是：“你觉得先吃花椰菜还是先吃肉呢？”“你今天要泡澡还是淋浴？”无论孩子选哪一个，都离不开“菜肉均衡”“就是要洗澡”的原则。

有限度的选择，在孩子都拒绝时也颇有效，但前提是教养者可以平心静气地接受孩子选择的结果，例如：“（在孩子整天下来没有玩的一身脏或满身汗的前提下）你可以选择不洗澡，但你知道不洗澡不上床，晚上就自己睡在地垫上，只给你棉被。或者，你再想一想，现在去淋浴，会很快洗完，怎么样？”强调孩子依旧保有选择的权利，他会因自我感受仍被尊重而降低情绪的起伏。然而，父母也必须协助孩子理解并坚持：但我们家也有家中的规矩。不过，**家里除了坚定，也要有“温度”**。记得，父母要陪伴着孩子，询问孩子为什么不愿意洗澡？躺在地垫上的感觉如何？想不想到床上来跟爸爸妈妈撒娇抱一下？都是很有用的“诱惑”，用爱与包容，接纳并改善孩子的行为。

如果是用开放性的问句，没有提供任何选项，就必须确保无论孩子说什么，父母都能够做到，不失信用，否则像这样问孩子：“你今天晚餐要吃什么呢？”孩子回答：“巧克力！”孩子选的大人没办法接受，教养者流于说教：“怎么可以吃巧克力当晚餐呢？不健康。”甚至责备：“你在想什么啊！脑袋里怎么都装这些东西……”那么，又无可避免地要挑起双方情绪，一团和气的用餐时间也被破坏了，那还真是自找麻烦！

日常生活有太多事情可用来抑制孩子的行为，为孩子的成长提供稳定、安全且必要的规范，但教养者不要规范得过头，设下太多凌乱的规定。建议是把几个大方向掌握住，并彻底贯彻即可，例如：吃东西一定是坐在餐桌前、玩游戏就在游戏区、每天固定阅读的时间，至于在这之中留白的“How”，怎么吃、怎么玩、看哪几本，等等，就交由孩子自己选择。

留白的弹性空间，用来培养孩子判断情势、取舍与抉择的能力，这是在“专注”之上一层的能力训练。

Jivan在玩乐时，尽情蹦跳，但是一到该坐下看书、吃饭、出行的时间，便能一坐两三个小时，即使是长途旅行十几个小时，也能安静坐妥并自得其乐，这是从小养成的“定性”，知道什么时间要静下心来，什么情况做出何种行为，什么事在什么时间点不能做，而不是任孩子为所欲为，由他“左右”父母。有定性的孩子，心就会安稳，散发沉稳的气质；而有一颗稳定的心，便有助于日后注意力集中的思考和学习。

能对事情投入高度且长时间的专注力，是高成就的人具备的特质之一。“专注力”就像是地基，地基扎得牢固，才能往上搭又稳又高的鹰架，学习不至于松软坍塌。有人说：“我的孩子也可以很专心啊！他看手机一坐就是一两个小时。”孩子要专注，不是拿电子产品让孩子盯着看，因为这不是孩子“主动”的投入，在这样的过程当中，孩子的脑袋只是傻傻地“被动”被吸进蓝光的世界里，大脑并没有在灵活地思考。**专注力，是要靠自主控制的，它与往后的“自律能力”高度相关，孩子将心思只专注一件事或几件重要的事上，需要心无旁骛的主动投入，并拥有“抑制”其他欲望的控制力，把外界此起彼伏的刺激排除在外。**

做事情总是能全神贯注地投入，当然也是习惯的养成，希望孩子不是想到什么就去做什么，就从生活常规，比如“吃饭”“阅读”的要求做起，让零到三岁的大脑，经由教养者日复一日的陪伴且正向的体验，逐渐变成自动化的优良习惯，“要专心”，就是孩子的脑神经自动的表现，先有了外在的控制，才发生内在的控制，成了一种“处事态度”。

人的大脑是由数以千亿计的神经细胞组成，神经细胞又叫“神经元”（Neuron），研究指出，宝宝还在子宫内时，神经元就已开始生长，大量生长的神经元在零到三岁之间会进行连接，连接会形成神经回路，比喻成一台计算机内部传送与处理信息的线路更好理解。每个孩子的差异，除了部分基因的遗传，更因与教养者的互动、生活经验、学习、环境等不同，而产生脑中常用与不常用的神经元连接。

根据大脑运作“用进废退”的原则，常用的连接日积月累而活跃成自动导航，也就是习惯，如此一来，面对全新且陌生的世界，孩子就发展出一套自己应对外界的基本模式。那些不常用的连接，一开始来自于教养者对孩子生活的约束，后来弱化了神经元的连接，再加上“专注力”连接的不断强化，抑制外在诱惑的回路总能自动开启连接，孩子的好习惯就能够持续稳定地发展。

这也就是为什么零到三岁是各方面教养的关键期，孩子之后是否稳定地发展，头三年的基本功不能少。前面提到，“专注力”是一切学习的基础，若希望孩子有“学习力”，像一辆车直直往前行驶，那专注力就是它的引擎，甚至还搭载了涡轮增压器，“自律”与“定性”就是它的双涡轮，具有省油耗、动力升级的双重优势，事半功倍。

Jivan两岁半后，我重回职场，每天下班回家，他就兴奋地追着我们，与他一起看书，常常是反复看完了三四本，直到我装可怜央求，“妈妈已经讲了一天的课，喉咙需要休息了，那就再一本哦！”因为Jivan已能够投入于自己手边的事，阅读也是，所以就没有再硬性规定一定要坐在餐椅上看书。他现在除了会坐在自己的书桌前看，若是要我们念给他听，他常常是站着看书中的图画，专注地听坐着的我念，我会把书放腿上，与他的视线刚好对应上。后来我才知道，站着是因为这样方便他在我一念完，他可以马上冲去再拿一本，不用上上下下地爬。等到我说的最后一本真的读完了，他就拎着书，换去找爸爸，同样再要爸爸念上好几本，睡前在床上还有固定的外语书要看。

这样听起来好像我们家有很多童书，让Jivan每天都能吸收不同的故事和新鲜感，但是，东西一多就杂，孩子也容易分心、不珍惜。所以，即便我们家的书不算少，我的做法仍是“求精求熟不求多”，因为孩子每个阶段都有不同的偏好，同时我也观察到Jivan会看的就那几本书，不断、不断重复。孩子的故事书柜的高度，是适合孩子自己放取的，但我还是约三个月会稍做摆放的调整，毕竟有几本书的位置孩子不太会去碰到。

有了静下来的心与身体上坐定的习惯，孩子要耐得起同一件事重复做，让每一次的专注力都是真正到位的投入，才能在该事件中成为佼佼者。这个道理古希腊哲学家亚里士多德就说了：**“我们的重复行为造就了我们，所以卓越不是一种行为，而是一种习惯。**”（We are what we repeatedly do. Excellence, then, is not an act but a habit.）

实不相瞒，我也曾经以为，要学龄前孩子爱上书，就是要多样或多重声光与按钮的刺激来吸引他们目光，后来却发现恰恰相反。**孩子要练习专注，绝对是从“重复”开始的！**一件事重复做，若能不断在重复的过程中逐渐减少干扰就越好。像是今天与孩子阅读时，孩子突然说要喝水，明天就在共读前先喝好水，然后提醒孩子这本看完休息时再喝；孩子今天阅读时嘴里还吸着奶嘴，明天就先和孩子说好，“我们来试着先把奶嘴拿下来，和妈妈一起念书里面的飞机啊蝴蝶啊。”

现在，我和Jivan每天早餐后都会开启固定的共读时光，几乎有半年的时间，他都指定要看同一本，甚至是之后要看别的书了，还是要先拿原来的那一本，之后才换别的本。不会很无聊吗？不，这都是大人的偏见，大人们觉得做一件事不停地反复很无趣，但对孩子而言，这都是“认识、验证、输出”的过程，他们要的是自己懂了的“成就感”，是对自己的肯定。在面对初来乍到的陌生世界，他能够知道这样东西是什么，他明天还记得这样东西是什么，指认事物并连接其名称，得意于学会怎么用语言说这样东西的名字，他的小小脑袋便受到鼓舞，输入进长期记忆，甚至能发现书中被我忽视的小细节，这对他而言都是极有意义的活动。所以，我推翻了自己最初的以为，体悟到：

要小小孩爱上阅读，他需要先百般不腻地专注于同一件事、一本书，进而从中体会到“熟能生巧的愉悦感”。

我们试想自己，同一本书，完全看完要再拿起来重读的几率有多少？而孩子，重复看同一本书、做同一件事，他能够不感无趣而仍能够从中得到乐趣，是多么难能可贵的事！**正是因为每次都能投入，才有可能透过反复操作迈向精进。别怕孩子无聊，也别担心他固于一种游戏、一类书，这不但是专注力和持续力的训练，更是将来脱颖而出的关键——孩子要经得起烦，要不厌其烦。这就像练功，要做扎实的蹲马步。**

有鉴于此，就算妈妈已经反复念给孩子听过无数次，书的内容也都滚瓜烂熟了，当Jivan要求一起看时，还是要展现语气抑扬顿挫。其实啊！不只是我，Jivan当然也都知道下一页是什么，会有什么惊喜，将发生什么事；阅读者可以经由问题提问来增加互动，多和孩子讨论。另外，念故事时转换故事中的主角，从不同的角度来看情节的发展和感受，也能拓宽孩子看事件的多重视野。我还有一招，是真的累到念不下去时，也确定这本书念过太多次，便会说：“换你念给我听吧！”只要耐心聆听与引导发问，即便他的词汇量有限，也并不妨碍我了解“Jivan是真的了解书本内容”的事实，同时，也刺激了他表达的能力。从日常中培养阅读与良好的底子，就不怕未来孩子学习虎头蛇尾，只求完成不求完整。

身为学龄前父母的我们，到底我们是希望孩子学得广、会得早（如数字、颜色，但这些都是入学后迟早会学到的知识），还是我们是想借专注阅读这个不断重复的练习，养成其中的专注力、学习力、持续力？

所以，当孩子投入于一件看似简单的事时，教养者可能求胜心切，觉得孩子已经会了而希望孩子再多学一点新的东西时，譬如：剪圆形，请别急着要他换成剪方形、三角形，因为他可能正在研究如何自如地使用剪刀，如何修出圆滑线条，如何掌握直径半径的比例，未来还可能是手工艺达人！能不放弃的好好做好、静心精深一件事，或许才是我们用尽心思，该从“共读”中调整的着力点。

慎尔出话：
爱惜自己的羽毛，做一个有质感的人

在Jivan大约三岁，语言进阶到完整结构的句子，还会用“根本”“简直”这样的副词句子来表示说话时的态度和语气的这个阶段时，有一天晚上，我正在喂妹妹，Jivan拿着书跑来问问题。那是一套五本，由一个书壳装起来的《小猪佩奇》（*Peppa pig*）图画书。当他一本一本问完了，心满意足了，就把五本小书装回书壳里，准备要离开床沿时，因为书壳的开口没有合上，结果五本书滑了出来……“Oh! Shit!” Jivan脱口而出。

我从来都没想到，会在Jivan刚满三岁时就碰到这个问题，Ra的“身教”在“语助词”方面精通三国，Jivan大脑“复制”的功力也不遑多让，可见“模仿”，是不需要学习的。

有一次，在Ra又语助词脱口之际，我问他：“你生气归生气，为什么要说脏话？”

“我没有！”Ra反驳。

“你就是有啊！你说了还根本不自觉。”

事后，我请Ra讲话收敛点，他说当时真的浑然不知，或是答应会注意后，下次又被情绪冲昏了脑袋。

“我只是说给自己听而已啊！有研究表明，会说脏话的人比较聪明耶！”Ra为自己辩驳。

（的确！美国心理学家Kristin L. Jay做过研究，发现常骂脏话的人可以在短时间内说出更多的词汇，表示脑海中词汇量大、智商高，这样的人通常有较高的语言天赋，说话时懂得用脏话强调语气和情绪，修辞能力表现亦佳。）

“我知道你不是在用脏话骂人，那只是你表达不满的语助词，不过，我觉得能够瞬间意识到自己即将要说出不适当的话而克制住或转换用语，会更上一层楼。”我为这段对话做了总结。

孩子在无形之中学到了语助词，懂得在什么样的情境与事件中用它来表达情绪，这固然是一种宣泄的辅助工具，然而，**一个人是否认真对待每一个小小的事件，拥有好的谈吐，散发出人格上的气度，那就是由内而外的“气质”，具有穿透力，需要细细琢磨，不因为智商的高低，影响一个人的整体观感**。

孩子的许多言行，是来自于脑中“镜像神经元”对亲近之人最直接的反射；他或许已经能掌握整个情境，理解自己的感受而不假思索出口“语助词”，而这个语助词，的确也消化、缓解了挫折感，但因为判断是非的能力还受限于心智，更何况身边也有大人说，以至于孩子不了解这样的言谈有损他的气质，所以，才必须要有人来告诉他这样“不行”，和可以怎么引导负面感受的表达。

起初听到时，我只想赶快制止他，但效果却卡住了。每当Jivan玩到一半，出现玩具掉了或轨道断了之类情况时，他自己就会默默脱口而出“Oh! Shit”！起初，我会先叫他的名字，然后皱眉看着他说：“Jivan，你在讲什么！那个话不好听，不可以说！”自己完全忘了用否定句会让孩子更加愤怒，特别是在他情绪波动时（本来玩得很顺利却在中途受挫），他会有更强烈的反抗心态，然后，他就会更愤怒地回答我：“我、可、以、说！妈妈你不要看我！”搞得我也因为不想发火而离开现场，结果都不了了之。“三岁是猫嫌狗不待见”的年龄，这句话自有它的道理，因为已能透过语言表达自我，往往就更想彰显自我主体性，觉得自己“很可以”，再加上他已经能够说出不满，只是力道拿捏得不够精准，所以，说出口的话就更容易挑起大人的怒气。

很多年前，班上因为一位爱讲脏话的转学生加入，使得班上有几位和他当好朋友的孩子开始脏话讲不停，而且是很放肆地大声在游戏中嚷嚷，一点都没有害羞或觉得说错话的样子，孩子把脏话当笑话，当游戏，还带有炫酷的意味，说的人毫无遮掩，听的人附和大笑，连带影响到班风。下课三五好友之间打打闹闹，我管不着，然而，到了上课发言，或是上台报告，该有台风、该注意言词的时候，他们仍然口无遮拦，不登大雅之堂地把各种污秽字眼掺杂在语句中，引得全班哄堂大笑，虽然单独发言的焦虑有所缓和，但竟公然口出脏话，在一旁的我就会板起脸，冷冷地问：“请问，有什么好笑的吗？我听到脏话了，但现在是什么场合？”识相的几个人会马上正经起来，几个少根筋的还会继续窃笑，甚至回答我：“老师！因为

○○○刚刚说了××（再重复一次脏话），很好笑！”我真是很想翻白眼。

古人说：“蚁穴虽小，溃之千里。”典故是这样的：黄河岸边有一个村庄，村民为了防止水患而筑起了坚固的长堤；有一天，一位老农民发现长堤边的蚂蚁窝怎么突然多那么多，他因为担心而想要回村里去报告，途中先遇到了他的儿子，他告诉儿子后，却得到儿子回应：“区区几只小蚂蚁，有什么好怕的！”结果不久后，河水暴涨，水从长堤上的蚂蚁窝渗透而入，进而喷溅，最终，黄河水冲垮了堤防，淹没了村庄与田野。这正是要告诉我们，小的细节不注意，持续扩散之下，大的乱子很快也会出现。**说话不得体，将来在社会上，小则遭人讥笑，大则成不了大事，更有结怨的可能。**

小错不改，最终可能酿成大祸；平日的用词不纠正，连带整体的人格就失格。我担心全班风气会像长堤溃决一样，失控的脏话充斥在一来一往的班级日常中，被几只爱说脏话的小小蚂蚁影响，连不说脏话的孩子的气质也变了。于是，我决定来重整，一边要求他们做个有气质的人，一边好奇他们为什么要一直说、说了之后的感觉如何、听到的人感觉又如何，也开始施行小纠察的任务，邀请同学们一同注意谁一直讲脏话，我们可以怎么“帮助”他忍住，或使用什么替代性语词，讨论有哪些更好的方式抒发，我才逐渐对这个议题的处理明朗化。

我不再直接制止我认为但Jivan不认为是问题的言词，那晚，我坐在床边，怀里还抱着Mira，好奇地问因为小书掉出来而“Shit”的Jivan，我说：

“书掉出来了，你觉得要再收一次很麻烦而生闷气？”他起先听到我的声音，下意识地以为我要跟他说“不可以”说不好听的话，就马上反对说：“我、可、以、说！”并胡乱捡一通，准备要离开；但他回头装凶地看了我一眼时，发现我的脸上没有一丝愤怒，说话时也没有带着指责，而是理解他之所以说“Shit”的原因和他的感受，他反而愣了一下，点点头，慢慢吐了声：“嗯！”接着，我肯定他，“你马上就动手再重新收了，动作也非常快！”他把心扉敞开，双眼看着我，我们的频率对上了，我才开始阐述我的想法，假装有点漫不经心，像聊天那样：

“原来是这样啊，妈妈学校里的哥哥姐姐，有时候也会不小心说不好听的话。”

当我这样开启对话时，我们之间对话的管道就畅通了。Jivan继续问：“就是你上班的地方的哥哥姐姐吗？”

“对啊，他们要叫妈妈‘老师’，我每天都要教他们很多事情，也要教他们‘不小心想说不好听的话以前，要控制好自己的嘴巴’！听到的人也可以帮忙提醒哦！”

“要控制嘴巴，不能说不好听的话吗？”

“对啊，妈妈的工作就是把他们教好。我也和你来试试看，像哥哥姐姐那样？”

“好啊！”

“你觉得，如果说：‘唉哟！怎么掉了’或是‘Oh! No’怎么样？”说出替换语助词的时候，我还故意夸张化了。

Jivan笑了，他也学我说了声：“Oh! No!”

我把原本要对Jivan说的话，转了一个弯说，提供了另外一个情境导引至我的目标。少了妈妈直接对他说教的超理智行为，本来反抗的Jivan真的把话听进去了，他还跑到Ra那边去，把我方才跟他说的话，全部都跟他爸爸说了。最后还不忘叮咛："要控制好自己的嘴巴哦！"听完后，经过脑中的消化、再输出，就更加确定Jivan是真的理解了。我听了偷偷窃笑，Jivan还真是找对人了啊！

孩子初学语言，就要让他知道，哪些话可以说，哪些话不可以说，不可以说的话可以用什么方式替换，而仍能发泄心中的情绪，因为说话反映的是一个人，行为是言谈的表象，言谈是心与思的发声，是相辅相成的。

所以，我如何表达自我，我说了什么话，显现的是我是一个怎么样的人。

巧合的是，当我把整件事的前因后果，跟原本摸不着头绪、为什么儿子会突然跟他讲"要控制嘴巴"的Ra说了之后，他才突然想起什么似的，马上跟我分享：荷兰的父母和老师，也相当注重孩子选词用字，如果听到孩子说脏话，会说"请你去用肥皂洗嘴巴，把说脏话的嘴洗干净，记得别再口出脏字，玷污自己人格"。而后，Ra爸爸脱口而出"语助词"的频率还真是大大降低了呢！孩子的确是来"再教育"我们的啊！

《礼记》："欲修其身者，先修正其心，欲正其心者，先诚其意，欲诚其意者，先致其知。"意思是，想要把自身修养好的人，必定先端正自己的心志；想要端正心志的人，必先使自己的意念真诚；想要使自己意念真诚，必先获得正确的知识。知识→观念→心正→修身，教养者就是孩子入学前知识的来源，我们营造的环境、教养的观念和着力的重点，会决定孩子的心端不端正，待人待己是否真诚，行为妥不妥当。现在新闻和网络能够获取的信息多又杂，用不健康的言行来表达情绪的声光画面无所遁形，之前在电视上，还有犯错的人对着镜头呛声："不然你想要怎样！"教养者怎能不紧紧把关？从小教导孩子要懂得爱惜自己的羽毛呢？

西方有句话是："言语最能暴露一个人。"《诗经》亦云："慎尔出话，敬尔威仪，无不柔嘉。白圭之玷，尚可磨也，斯言之玷，不可为也。"告诫世人，说话要谨慎，庄重的仪容举止要恭敬，使它尽善尽美；洁白玉圭上的污点还可以把它磨掉，但说话的污点，就不好处理了！可见，无论是什么话，只要话一错，损伤的就是自己的人格了。现在不只是教育界，人人都在担忧，AI时代的来临，未来的孩子怎么办？大部分的工作现在还没出现，那我们要培养孩子具备什么能力？只要想想，什么能力是冷冰冰的机械所没有的——人的温度，就是不能被取代的，诸如：同理心、随机应变的能力、不断学习的弹性、沟通表达等，毕竟，只要这个世界上有人，人与人之间的接触与连接就必然持续发生，而这当中势必须要说话。**要训练孩子的表达能力，一方面要"放"：引导孩子的想象力，天马行空的发挥创造力；一方面要"收"：组织条理、慎选用词**。传统的美德历经千年考验，放诸四海皆准，无论大环境如何改变，最终都要回到自身省察，让孩子律己，控制好嘴巴正是第一道关口。

一个懂得自爱、自我监控，心中存有一把廉耻之尺的孩子，是不会去伤害人，不逾越法理，而期盼自己能事事尽力、自立自强的。作为一位自立自强的人，他也要懂得丰厚自己的羽翼，与时俱进。

许多教育工作者向我感叹："要孩子'自爱'太难了！"我完全可以明白同行者的无力感，学生的态度往往是折煞教师热忱的那把刀，所以家庭教育就要重视这一环，从小就不忽视玉圭上的污点，雪球才不会越滚越大，出了社会总是与人起冲突。到了中学阶段再来指正学生的言谈与态度，委实增加了它的难度，况且老师也很难改变学生成长的家庭环境，十几年的时间就快要定型了他们的模样，学生问："老师，你为什么这么介意我们说脏话？"孩子啊！若是我现在再对那些不雅言词置之不理，就违背了自己为人点灯的志向，怎么对你们谈"自爱自重"呢？

孩子说脏话，一味地制止，并无法有效地杜绝，我们要先理解让孩子脱口而出的原因，陪伴孩子找到自我的价值，了解他说脏话时的感受是愤怒吗？还是挫败？会不会有一点难过？协助他觉察自己，拥有改变的自觉，掌控自己的言行举止。

情绪需要出口，而不是压抑！

我们要引导的是孩子发泄的方式，慎选语助词的使用，有效且有品地抒发，不只做个聪明人，而是有智慧、有质感的人。

生涯不确定的年代，
大人能保证孩子什么样的未来

大学甄选入学，前阵子如火如荼开始，高三学生开始积极寻找校内资源，尽可能做足面试的准备。不知通过多少人的转介，霓找到了我，唐突之余，她生涩又有礼貌地走向我说：“老师，我可以和您谈谈吗？”

约了某日午后，在一个多小时的会晤中，霓很明确地说她想念华语文教学系，希望以后有机会到国外教中文。她拿了整整五页纸的题目来问我，想要从我这里得到“制式的答案”，以“确保”自己能够顺利被录取，有时我话说到一半，她见猎心喜，会要我重复说过的话，以便她照本宣科地抄下来。我觉得她不时露出“喔！哇！真的吗”的眼神和语助词甚是可爱，但心底其实不希望自己“左右”她生涯上的价值观和判断能力。

这是一个“生涯不确定”的年代。已经没有什么是最好的唯一解答，不论我的年代，还是这个新时代，世界早已无法预测哪一条路可以通向“对的”终点，好像只有**充满弹性并愿意坚持走下去的人，才能展现生命的张力，走出自我。而谁又有权利去“帮”他人决定他的人生，大人随口的评断或建议，都有可能是影响孩子未来的关键，但该承担后果的人，是孩子**。

所以，每当霓问我一个问题，我就换个方式，把回答的掌控权抛回给她。

直到她对这个问题，说了一个“象牙塔”般的答案，让我甚是思考，学校和家庭到底教育出了个什么样的18岁少年？

题目是这样：“你觉得，什么是在海外教语文最重要的能力？”

霓回我：“是语言吗？”

我就笑了，问她：“是你要教的语言？还是当地的语言？”她没想到会被我这么一反问，面有难色，继续傻傻地笑。

我又说：“如果你已经有办法到国外教语文，那你肯定是已经具备一定程度的专业水平和语文能力，才会通过层层关卡与检视，万中选一地得到难得的机会。”她点头如捣蒜，但实在想不出来到底什么才是最重要的。

我看着眼前的女孩，觉得我们的教育狭隘了一个人的可能性，又过度强调学科专业，落入纸上作业而忽略了最基本的日常能力。我对霓说：“你说的‘语言’，我想更精准地说，是‘沟通’吧！沟通绝对重要，但我想更广一点的来说，能体悟到‘生活的能力’，才是题目想寻找的人格特质。”

女孩很惊讶，她说她从来没担心过生活，怎么要到海外教书，“生活”反而是眼前这位她特别跑来请教的老师觉得最困难的？

生活的能力，关键是“心态”！

独立生活的自理能力、解决问题的能力、接纳差异或被拒绝的文化适应，这都是“生活”。我补充：“**其实，离乡背井，找不到一种‘心态’去面对生活的种种挫折，往往是最最辛苦的。专业能力总有方法可以精进，但孤独、思乡，加上再也没有人在背后照顾时，会有一段时间，你必须克服内心的**

无助与孤单。如何与同事的相处、打不进异国朋友圈，又是另一个考验你‘人际沟通’的关卡，在学会如何在海外还能自如做自己之前，你有很多时候会只与你自己独处。”

这些再稀松平常不过的事——生活起居，多半在我们的教育观中被忽视了，**当大人什么都帮孩子做好，说“你只管把书读好”的时候，正是在一点一滴剥夺孩子“生活”与“面对日常问题”的磨炼机会**。千万不要只让孩子觉得“只有念书是我的责任”，吃饭时间到了才出现在餐桌前，甚至补习至深夜、整个周末，却完全搞不清楚父母在忙什么、祭祖在做什么，连饮水思源的感恩也没了。而把对孩子的关爱放在“分数”上，很容易忽视孩子内心的感受，反而会使孩子产生“父母根本不爱我、不重视我”的误解，在过度强调成绩的家庭环境中，让孩子对学习、对生命失去了热情。

孩子不会一到成年或离家，就“瞬间”知道怎么生活，缴个保险单也迟缴被罚钱，甚至连路上一丛绽放的杜鹃都可能叫不出名字，忘了怎么发现周围美丽的小事物……我还遇过几位刚到班上的高一新生，到打扫工作的时间，连抹布都不会拧，除了念书，请他们做其他班务还都会摆脸色呢！

放手，慢养，让学龄前的孩子，学习从生活中的小细节培养生活的能力、自我负责的态度、由自己承担后果并消化不愉快，你会发现，孩子能做的比我们想象的还多！

那么，生活的能力要怎么训练呢？健康的“心态”又要如何从小建立呢？当Jivan一岁半时能自己走路，跟着我搭乘公共交通工具出远门开始，我就秉持着有些事“不帮”孩子做，而是“等待”孩子自行完成，**用“耐心”换取孩子的“信心”**。

一、不要“帮”孩子做/想，“让”孩子做/想

例一：Jivan陪我去上班进办公室的时候，我会跟他说：“宝贝，你安安静静地去看看其他老师在做什么，回来告诉我，你想做什么？”而不是直接替他想好，“宝贝，你就在这里画画吧！宝贝，你去外面玩吧！”或是怕他吵到他人而设定了手机影片供他观看。

知道是跟妈妈去上班、能察言观色的孩子，鲜少会告诉你“我要唱歌”“我要丢球”等以自我为中心，但会吵到他人的回答。当Jivan绕办公室一圈回来，也观察到每个老师都有一个办公座位后，他跟我要了纸，问：“妈妈，那我要坐哪里？”并要了荧光笔去涂鸦。这么做，也是从生活中培养孩子善观察，注意细节。

例二：外出带的背包，一直以来都是Jivan自己收、自己背，出门前我就会给他充裕的时间去准备，除了基本的干净衣物一套，剩下的就由他决定要带什么玩具或饼干，外出后没有玩具或不是想要的东西时，他必须接受“是我自己没带到”“是我所造成的结果”，进而有了“对自己所为负责”的概念。当孩子明白“不该把气出在妈妈身上”，而是能够排解不悦，那么就不会出现暴走、依然故我、我就是想要的后续行为。

孩子因为“喜欢”而做出选择，是他开始懂得什么样的感觉是“喜悦”；但能够知道“带一部玩具小车就好，因为搭公交车一只手要扶好，只剩另一只手保护它”“这个饼干太大包了，我的包包放不下，我拿小袋子装几个就好”……这样就包含了“判断”与“选择”，是更高一阶的能力展现。

所有的事情都“帮”孩子想好做好，不是爱孩子，而是剥夺孩子学习、肯定自我的机会，适得其反而害了孩子。

二、孩子多参与，大人少干预

多让孩子参与你的生活与工作内容，邀请孩子也一起来做些什么吧！接着，只要明确让孩子知道“最后”的期望是什么，“如何做”就全权交给孩子！

像在办公室画图的Jivan，不久后腻了，他就跑到我身边看看我在做什么，我向他说明，把他当大人般解释为什么我要做这个后，他就表示他也要帮忙。于是我先是指派符合他年纪与手眼协调的任务，例如：折通知单、文具分类……这些事给他做；然后又请他剥名牌孔，每完成一个，就轻声地说：“Yes！我成功了！”他或者跪在地上，或者一次拿两个，或者先收集剥下的部分再一次丢到垃圾桶，这些我都不干涉，他摸索出自己做起来顺畅的操作程序，一边哼着歌，一边念念有词。虽然事后我仍需要重新一一检查，但从出门前到返家，Jivan已经在整个过程中学习了生活的能力，甚至记得妈妈是如何上班，搭几号公交车。千万别嫌麻烦，让孩子“到旁边玩你的玩具”，这和“你去读你的书”有异曲同工之妙。

孩子参与了我的生活，懂得体贴，内建信心，而我的生活也不再只是单方面的围绕着孩子团团转，他必须在我无暇顾他的时候调整心态，必须在妈妈交代任务后找出方法。研究也显示，一个人被要求“帮个忙嘛”！表面上可能会觉得自己被占便宜，然而，内心会产生一种“强者”的优越感，会加倍地确信自己是有能力的！

“少干预”，也许会让同一件事花上多好几倍的时间，也许孩子做完我还是要再重做一次，更可能一团乱，让我要费更多心力整理好，但这就是一代拉拔一代的路程啊！转换心态，别觉得现在的生活被孩子拖拖拉拉、被占据而失去了自己，因为，如果没有那些失去，我知道，我会遗憾。天底下本来就没有不累的守护，那些含辛茹苦回头看来，会变成记忆；而每一个人的故事，都是生命记忆堆叠的。相信现在的“共好”，会是二十年后，面对那些无法准确预测却有足够信心迎战的“放心”。

一个坚实的内在，必先安顿孩子的心。

孩子的心要得到安顿，才能够有足够的力量往前为自己的人生冲刺。那不代表大人在生活形式上的周全照料，而是要培养孩子去相信，即使他自己一个人面对柴米油盐的琐碎、孤独侵蚀的悲伤，也同样不乱了“好好生活”的阵脚，能用“坚实的内在”，去迎击外在的变动与挑战。

若父母早已在成长的过程里，为孩子累积安全坚实的心中堡垒，**引导孩子懂得分配时间、妥善利用的重要性，平衡家务与课业，拓展人际又能做到不迎合将就，乐于探究思考取代依样画葫芦的学习**，并且，不让孩子充满像是“如果我不念书，我父母会……”那样情绪勒索的罪恶感，而是**允许他尝试，允许他犯错，允许他搞砸成绩，允许他绕个弯走慢点，那么，孩子的视野会因为途中的经验，而望向学校以外更大的世界**。而这是因应快速变化的时代，唯一能一辈子带着走而且绝对不会白费苦心的能力。

就像那种，天塌了又怎样，我站得还稳着呢！

今日的“游戏力”，明日的“能力”：“你很会玩”是一种高度的赞美

Trends in International Mathematics and Science Study（TIMSS）国际评比中国台湾学生四年级与八年级的“数学”和“科学”成绩出炉（2016）：中国台湾表现高居全球第三至六名，然而，“学习兴趣”和“自信”却是倒数第二至六名。这样的新闻时有所闻，说要怪罪体制也不是一两天的大事，但从生命最初的起点思考：无论国籍，人人都曾经是孩子，我们的孩子在成长过程中到底被抹杀了什么？我们拥有如此成绩，为何无法让我们由衷地乐于学习？

Jivan自出生以来，我们来回居住在中国台湾与荷兰；因为自身的工作与在大学教书的婆婆不谋而合，这样的渊源让我对于两地教养的观念深感兴趣，不断思索自己该用什么样的态度陪伴儿子成长；跨地区观察与几番讨论后，我更加确信，学习成果要好，“享受学习”和“充满学习动机”是关键。要**“放手让孩子去玩”，荷兰人相信，当孩子能投入于“玩”时，便能够培养出种种能力，连带影响成年后的生活态度与思维。**

“Have fun”或“play”，都是“玩”，但大不同！

荷兰人说的“玩”，是have fun/plezier habben（荷兰文“玩”的意思），**并不单指中国台湾人偶有负面意味的play/spelen；想要have fun，重点就在你要自己去探寻how to have fun/hoe plezier te hebben**（荷兰文“如何玩得开心”的意思）**！**Jivan还在爬行阶段时，荷兰籍公婆和先生就任他在花园爬、在草地爬、在充满狗毛屑的地板上爬，一开始我极为头痛，这么不干净、没有加安全措施又杂物一堆的环境，加上极度好动又好奇的小男孩，我是一刻都无法将视线离开他！但一段时间过后，我发现，儿子在开放的自然空间接受众多的刺激，透过触觉、视觉、嘴巴，逐渐建立起他的小小世界，他会静下来寻找树叶飒飒从哪个方向的树梢传来，会将手伸进湿软的泥巴或享受捏碎干燥叶片的触感与声音，还吃过围绕牛群富含高蛋白的苍蝇……他完全不需要我为他特别设想要玩什么玩具，或布置一个舒适干净且无菌的空间，甚至自己摸索出该如何应对小危险——学会自己下阶梯，也知道爬在石头地上会痛，所以出现泰山式用脚掌爬的姿势。每每只要把他一放下地，八个多月的Jivan就能够马上去找他爱拔爱摸的花草，去最多木头和石块可以敲打的角落，或是拿来与妈妈分享他找到的东西，“啊啊啊啊”地若有所语，然后把东西塞到我的手上。

你知道吗？当卸下所谓的细菌啊、病毒啊的防备心和所有觉得麻烦的假想樊篱，尽可能地让孩子尝试与探索后，你会发现，他不只会玩，他还知道他要“玩什么、怎么玩他会开心，也玩出认识世界的能力”。这是荷兰孩子从小就培养出的have fun and enjoy himself/plezier hebben en daar van genieten的“游戏力”。

公婆和我分享：**“我们居家的生活空间本来就不需要为了一个孩子做改变，他就是需要适度的碰撞来学着什么地方有什么、什么地方要小心、什么地方不能过去。”**我想是的，每一个人生活的空间本来就需要是安全的，大人们提供原有的安全环境是要由孩子自己来认识，他在自由中竭尽所能地探索、学习，并领悟其中的乐趣，而非被圈住、被制止，或把“危险”“肮脏”灌输在他的意识中。这样的自由不是置之不理或放任，而是在一定的限度里碰撞，我们仍是随时注意，但必要时才出手，让孩子自己体悟到那一条底线；我的公婆因为孙子而唯一调整的居家环境，就只是把花园里一株有毒的花挖除。

对荷兰大孩子而言，我的荷兰亲友们和我分享他们孩子千奇百怪“玩”的经验：**从在森林里拣选合适的树枝搭树屋，分组后，在自家社区中随机按电铃到邻居家煮饭看谁能成功，参加社团24小时帆船的挑战活动，或被放到不认识的地区然后自己找路回家……这是“玩”吗？这就是学习，是各种能力的培养！**在这之前的规划与安全考量，也会是学习的一环，包括请求大人们提供什么样的协助。而在中国台湾的同龄孩子，知道建筑力学与结构吗？能分辨盐巴与糖吗？知道热锅中有水滴不能倒油吗？有勇气乘风破浪忍受飢寒与睡意侵扰吗？能在惊慌失措时还冷静问路、看地图、寻求协助吗？

How to have fun? 自己去找啊！找到就是源源不断的内在动机！

所以“How to have fun”是你必须要了解怎么样你会快乐（How），

做什么事情是你最享受的（What），这其中包含了你对自己和该事物的认知，并涉及到其他方面的学习；荷兰父母放手让孩子"玩"，是让孩子去摸索，玩着玩着，他们便开始知道自己喜欢什么，如果喜欢节奏敲弹，就"玩"音乐；喜欢阅读文字，就"玩"文学；如果喜欢观察验证，就"玩"科学；如果喜欢机械引擎，就"玩"车……**因为喜欢做，也就充满内在动机并享受过程，因为你知道你擅长什么，自信也就由内而生，这一切都是自发的**。

即便到了入学的年纪，除非是孩子学习能力真的表现不佳，父母亲也不知还能如何帮助孩子，不然，他们大多仍不会替孩子安排学科或术科的补习（也是因为荷兰补习只有家教性质，所以费用非常高）。当年我公婆的做法，是要求八九岁的孩子必须选一项运动与音乐学习，接着就把选择权交给孩子，**因为有了玩乐的经验，Ra也就知道自己想进一步学什么、对什么有兴趣，并渴望学习；而赋予选择权，也让他们学着对自己所选负起责任**。这就像山水画中的"留白"，孩子在探索阶段因为父母提供了有条件让其自由玩乐的留白空间，而非大人与社会建构在新一代身上的期望，才养成日后与其他学生迥异的面对人生交叉点却徬徨的态度。

"玩"在荷兰孩子成长过程中的重要性也就可想而知了，**幼童时期的"玩"，是某种内在潜力的激发，他们靠"游戏力"而玩出觉察力、思辨力，玩出为自己自信下决定的能力**。

幼童时期的玩力，分流进入不同能力认同的中学。

但，荷兰的孩子都知道怎么为自己选择吗？当然不是。这也是荷兰社会在反思的一个议题：荷兰学生在小学毕业后，就必须选择读什么样的中学，中学将会影响大学与未来的出路。荷兰中学分成读四年的VMBO，读五年的HAVO，和六年的VWO与GYMNASIOM；而只有读六年的中学，才有资格进入“学术研究型”的大学。

这就导出下个问题，在12岁就要面临分流的荷兰学子，他们难道就已“玩”出自己人生道路的方向了吗？答案也是否定的。**即使大人必须相信有选择和判断的能力，但面对牵一发而动全身的关键时，老师的建议、父母的期望、学生小学毕业考（CITO）的成绩表现、学生的兴趣是会同时纳入分流考量的，甚至有中学的校长单独面试学生。声音不会只有一个，孩子的成长当然也就不会盲目的顺从或被迫走入自己不擅长又无法脱身的领域。**最重要的是，整个社会对于那些读四五年制中学而无法进入一般大学的孩童是不会看不起或是贬低他的能力的，因为**学业表现已不代表一切，他们只是玩出和学业成绩优异的孩童不一样的能力。**

我在荷兰进行硕士研究时，就读的是学术研究型大学，我的同学和朋友都来自那些读六年制中学的学生，他们皆来自于社会第一阶段分流中“靠脑的精英一族”。以学生为例，除了高中有的英、数、自、社等科目外，还要念古希腊和古拉丁文，他们“玩”吗？玩啊！中学时期的他们，课业压力是很大的，但因为幼童时期的游戏力，让他们**学会分配时间，因为当意识到fun已经have了，他们就会思考接下来有什么正经任务必须要去完成，时间的掌控也就从中学会分配了（When），他们懂得用自己享受做的事情来调剂生活，而且会拿捏尺度。**西方许多中学是课后比课堂辛苦，你必须自主安排学习的速度和时间，就我自己高中在加拿大就学的经验，**课后才是课堂所学的内化与输出**，我要整理教师传授的新知，并以其提供的多种作业缴交的方式择一呈现自己消化后的理解，所以课后花的时间是课堂的好几倍时间，荷兰中学课堂与课后的状况亦是如此。

中学六年完成后，更有让学生非常紧张、倍感压力的“全国毕业考”。**许多人只看见他们大学招收学生没有如指考或联考的入学成绩要求，但他们高中毕业的门槛都是相当严格的，50%在校成绩、50%全国考试成绩来决定是否能毕业，没有通过需留级，也有人一直无法考过而选择暂停升学。这又是一次学习能力的检视与自省。**

进入大学后是加倍的努力，但国家补助你继续have fun!

只要通过中学毕业考，大学选择哪一所、哪一系的确没有门槛。中学分流至“用脑精英组”并通过考验的六年制学生，若自己依照喜好与能力选择进入学术研究型大学，他们绝对会比中学加倍用功，**因为没有入学门槛，完成大学第一年后只要成绩没有达到该系的要求就会被刷掉，甚至排后几名的会直接被刷掉，第二年再继续刷，每一年他们都想尽办法让自己留在安全的范围内。我的荷兰朋友告诉我，当年他入学时有近百位同学，毕业时只剩下不到四十人。**

既然压力这么大，与我们的学生相比，根本是有过之而无不及，一定没时间玩，对吧？错了，玩！而且国家补助鼓励你玩。荷兰大学生的“玩”，绝非我们认知中“很爱玩”的那种带有点负面评价的；“玩”对荷兰大学生而言除了有抒压，还有社交能力的培养、新生活的体验、视野的开拓。他们如何玩呢？荷兰多数的大学生会被父母鼓励从家里搬出去，自己在外面租房子以训练独立的。但除了必须的学费、生活费、房租等开销，他们哪来的钱去have fun？1986年至2015年间，①荷兰政府每个月给予已搬出父母家的大学生约260欧元的零用钱，让他们自行思考如何运用这笔钱去have fun。有人选择去旅游体验不同的国情文化，有人买摄影器材培养其他专长与兴趣，我还认识一个非常喜欢研究金融趋势的人，他把这笔钱投资在房地产上，毕业后一年就买了自己的房子。当然有人也用这笔钱吃喝玩乐，没有人会说什么，②**这笔钱本来就是政府用来给大学生体验生活，投资在荷兰新一代的“游戏力”上的，而在维持课业一定水准之余懂得适度have fun，也是这个国家维持高运转的竞争力与富有生气的原动力。如果只是一直钻研于书本，荷兰的父母甚至会非常担心地问：“你为什么不去找点fun？”“你这样的生活不健康。”他们相信have fun的力量是正向的，会让人身心有所收获**，即便只是压力的舒缓。

因此，荷兰大学生就好比适度拉放的橡皮筋，懂得怎么创造生活中的乐趣，也能拿出学业高表现；不同于大多数我们的学生，从小一路被紧绷地拉扯着，从众地不知道该如何停下追求分数的步伐去**玩出属于自己的能力与兴趣，在要求高表现时，忽略了能够源源不绝向前的内在动机**，橡皮筋只有越来越紧、越近极限，一旦进入大学，整条橡皮筋总算被解放似的瘫软下来，多数人不知道怎么享受自我，不知如何让自己尽情have fun后仍不觉得空虚。

“很会玩”是一种高度的赞美！

记得，如果在荷兰，有人对你说“你很会玩哦”（You really know how to have fun!/Jij weet echt goed hoe je jezelf moet vermaken），那绝对是一种高度的赞美，因为他认为你不只是一位懂得取悦自己、享受生活的人，还是一位让人觉得“和你做朋友很有趣”的不乏味的人，并且肯定你拥有良好的生活态度也具有某种专长。

若是身为新一代父母的我们，能够让孩子从小learn how to have fun and enjoy themselves，那么下一代将能发展出对标准答案作答以外的各种生活能力，并且充满求知欲，他们除了能自发去探索新事物，也能够拥有“等待”的能力，可以是等待母亲喝杯咖啡，或长途旅游等待抵达。怎么说呢？因为“等待”已经不是一件无所事事的虚度光阴的无聊事，孩子会想办法让自己有得玩，去找乐子，把等待的时光转换成享受自己或投入喜欢事物的片刻。

有几次我问了必须等我办事情的Ra“你会无聊吗”，他总是带着笑回应“我从来都不觉得无聊”。就觉得能够“让自己不无聊”不只是一种心态，更是一种能力。

若有天我们麻烦孩子，“等我一下哦！你自己可以吗”时，他能自信地回答“呀！我自己会找事情做哦！妈妈您先忙”。那么，我们的孩子也会是一群快乐的世界公民。

“游戏力”太重要了！

① 2015年后进入大学就读的学生，已因为政策改变而被取消这项福利，但因首批学生目前才陆续要进入社会，对荷兰未来的影响待追踪。

② 但如果大学无法毕业，所领的零用钱必须全数归还，所以，学生除了好好利用这笔钱外，更想着一定要毕业！

第二章

情绪

比智商更重要的事

别让教养过程中上火的脾气，抹杀孩子内建的“快乐”机制

在几次母子二人旅行回来后，我发现两岁的Jivan在睡前总是特别兴奋，似乎有用不完的体力。前一晚叫了五次“请过来”，他依然故我，持续在弹簧床上蹦蹦跳跳，笑个不停，直到我气到不行，冲过去抓住他的双臂大喊“冷静！我叫你几次了”！一脸杀气地要他站好听我说话，他才收起过“嗨”的笑容低声回应“知道”。可是到一起躺下睡时，头与我的头相靠等高的Jivan，一下就把刚才妈妈“失控”生气的样子忘得烟消云散，伸手轻轻摸我的头说：“这个是妈妈，妈妈好可爱。”顿时，我为我的不温柔忏悔，心想：“这样的妈妈怎么可爱呢？”也为Jivan皮死了却总能快速转换回乐天派的功力感到不得了！

隔夜，Jivan睡前的心情依旧快乐的不得了，钻进民宿床与椅子之间的缝隙玩躲藏游戏。好不容易叫出来了，却要在这个时间点上大号！擦好便便后，请他“好好走”到厕所来洗屁股，结果他是好好走了，却边走边抓生殖器，搞得我又狼狈地冲出口：“不要摸鸡鸡！上面有大便！不是早就告诉过你不要摸鸡鸡了吗！”一把抓住他已经沾到黄色秽物的手，他也一副

完全没意识到自己在惹麻烦的模样，我不想再骂什么地皱着眉，瞪着不敢动的孩子，脑中闪过不断提醒自己的话……

心理医生雷纳德·萨克斯（Leonard Sax）在“大脑对听觉的反应”的研究中指出：男孩的听力比女孩差。不是听觉上的“听不到”，而是男孩“听得懂不代表‘听进去’，你在说但他不见得‘有在注意听’”，有时自己已火冒三丈冲上前了，男孩还会一脸无辜表示：“啊！原来你在跟我说话呀！”另外，**听觉专家珍·波拉德（Jan Pollard）和罗威医生（Dr. Kathy Rowe）也发现，约1/4的六岁孩童的“听觉处理能力低下”，意思是无法从听到的句子中撷取出正确而有意义的单字，这当中有70%是男孩。**

所以，在教养儿子时，我最常给自己的提醒，就是走过去看着儿子的眼睛说话！必要时，请他精简地复述，再次确认他已掌握住妈妈说的话。

我很讨厌那个把儿子笑容震慑住的自己，即便如此，不温柔的一面还是不免会在那些“我在说你有没有在听”的时刻，气急败坏、破口而出。连续两晚，抓着儿子的肩膀大声说话后，提醒自己的话又蹦出来了。于是，在我们都“想通了”之后，**我会告**

诉自己要把脸部表情柔软下来，抱抱孩子，让他不因此而心生惧怕。只专注在“事件”上，这一步很重要！

我和Jivan在澳洲当沙发客时的房东奶奶，同时也是当地高中退休的数学教师，她问我：“你把孩子的常规建立得很好，他跟你一样很有规矩，才不到两岁就已经能与你有效沟通，展现极佳的合作行为。那我很好奇，这孩子有哪一点是遗传自爸爸呢？”

我想了想，这才由衷地“感恩”起另一半与我互补的优点，我说：“快乐吧！他爸爸是个很乐观的人，总能带给我正面能量！”

啊，要珍视孩子“快乐”的情绪调节能力！原来如此！**“乐观与快乐”不单只是上天在性格上给的礼物，更需要在成长过程中，被好好爱护、对待，才能持续保有**。

孩子挨骂后，还能对那个生气的妈妈甜蜜撒娇，除了亲情之爱，还因为**内建了“自发快乐”的人格特质，不因外在的负面事件影响自己太久。而当一个人情绪调节功能正常运作，便能有效降低未来患抑郁症的可能，也避险掉入“不管我怎么做都没用”的定论**。

我们都不想成为那个因为一点小事就动不动失控、发火的大人，正因如此，才会在每次发脾气后感到无比的歉疚。可能是疲累而失去耐心，可能是外在事件搗乱我们的心思，然而，那些外在因素本身就是我们个人情绪的功课，倘若总拿那些事件当借口，毁了自己在教养功上的修练，不但会逐渐使孩子内心的快乐泉源干枯，也会使他们在潜移默化中学会了让脾气无的放矢。

孩子内建“自发快乐”的机制，即是一种无可替代也难以靠后天养成的“内在修复力”。那不是靠喂养就能健壮，不是学业成绩顶尖就会伴随而来，而是**需要教养者，好好珍视与呵护那颗能“自行调节回快乐心灵”的特质，不随意把自己控制不住的情绪，用不当的方式宣泄在孩子身上**。**一个人若有让自己快乐起来的能力，也就更能消化外面世界碰撞的挫折，不因负面经验而否定自己**。“这世界的大多数事情，不是稍微努力就可以搞定”，才显得那些乐观面对结果的人，有更大的“内在资产”去闯荡，正如有句话是这样：**“对于那些内心洋溢着快乐的人而言，所有的过程都是美妙的。”**即便路程上稍有碰撞或挫败，他们也不易用结果来评断自己的好坏，让孩子知道，“快乐”是人生中不能被剥夺的“财富”。

笑，是最佳良药，一个懂得真心“发笑”的人，除了让自己从沮丧和悲伤中走出来的时间较短，能够给自己足够的力量外，在生理机能上，研究已经指出它具有放松身体，有效降低血压、胆固醇，增强免疫系统，强化心脏等诸多好处。西方人重视且鼓励人们笑，用笑来启动“快乐”的情绪，释放压力，诸如幽默的脱口秀、逗人开心的玩具开发、研究“笑”以预防疾病的机构，耶鲁大学学生抢着上的通识课《快乐学》……

这些是华人拘谨的社会氛围中较缺乏的，甚至在教育现场也不会那么频繁地听见哄堂的大笑声，一群静默的孩子坐在沙漠之中，虽然有知识的洗礼，却仿佛仍渴望心灵的绿洲。

我们心中唯一一个重视“笑”的时候，是在婴儿三四个月大时，必须要能“咯咯咯”地笑出声，因为它是能力发展指标评断的重要依据之一，代表孩子能开始简单的互动，视觉及听觉没有问题，但也就仅止于此。唯有真正与孩子朝夕相处的父母，才能体会到养了一个爱笑、具有正能量感染力的孩子是多么幸运的事！每每听到来自荷兰的亲友说：“Amazing! You are so lucky to have such a happy kid! Now you have TWO!（Mira诞生之后）”一开始，我还不懂到底有什么好庆贺的，后来才渐渐明白，原来是因为他们很看重孩子“自发快乐”的特质。

还记得自己曾是黑眼圈的新手父母吗？那时，因为孩子天真无邪的笑容，上气接着下气的笑声，疲惫和辛劳得以被洗去，心中满是幸福的感觉。所以，尽全力去细心呵护那样的幸福感吧！快要发脾气时先哼首歌，想要大吼时先闭上嘴，做不到温柔但可以认真，不要老觉得孩子在故意作对，请试着读懂孩子，帮助他解开心里的结，再次快乐起来。

孩子长大，意味着越来越多教养上的挑战，小生命逐渐生成的自我意识，亲子间会产生大小不一的冲突，父母一变脸，孩子感受到低气压，笑容就会收起来，久而久之，脸部表情便越加世故，纯真感就消失了。出生时内建的快乐机制，就像是一台不断运转的机器，在运作中持续耗损、生锈，从人人都该会笑的“本能”，到有人保有、有人失去的“能力”，而教养者，可能就是那位忽视保养、擦拭，使其故障的关键。

有个印象深刻却再平凡不过的例子，也是许多父母都会遇到的境遇，正值三岁的Jivan，对于每天回家第一件事去洗手很热衷，有哪个孩子不爱泡泡呢！

那天，Ra一进厕所，马上发出恼人的叫喊：“哎呀！Jivan！”接着把我叫了过去，“告状”Jivan人赃俱获的案发现场，“又”是洗手液乱按压一通，地板上一滩一滩黏液。听到自己的名字被点到，很不识相地跑过去被挨骂，默不吭声看着爸爸舀水、刷地，边做边念。

我也没说话，看看地板又看看Jivan，觉得不是时候。“跟你讲过多少遍了，不可以”这样的言语肯定没用，否则这样的状况不会反反复复地出现。Jivan的眼里尽是调皮，他从我的注视中落跑。

Ra问：“你允许他这样做吗？”

我说：“怎么可能！”

“那你知道他会这样玩洗手液吗？”

“知道啊，只要去洗手好一阵子没出来，就是在玩泡泡，之前也请他收拾过。”我猜Ra可能在纳闷我刚刚为什么没有对Jivan进行“指正”，还让孩子溜去玩玩具，才接着补一句：“我会再跟他说。”

第二天，搭公交车上学的路上，我在车上问Jivan：“宝贝，你昨天在厕所做什么啊？怎么会有那么多洗手液在地上？”他沉默，应该是怕我会生气而想逃避，于是我说：**“我没有生气，我只是好想知道洗手液怎么会出现在地上。”**我看着他的眼睛，释出我的善意。

他放开了，可爱地边说边比画：“我要压、压、压，然后就会喷出来。”

“哦！所以你是很喜欢这样压压压，看它跑出来？”我学Jivan说话的语气。

他心门大开，愉悦地笑着说：“嗯！”

我想，**孩子喜欢研究，这是好事啊！既然如此有研究的精神，那为什么我们总是要针对“头痛的后果”来责罚孩子呢？**

接着，我深入地问：“你想要看洗手液喷出来，观察它往下掉到地上的样子吗？”**Jivan发亮的眼睛、认真回溯过往经验的表情，和我的频率对上的模样，比对被责骂时动人多了。**

“对啊！”

“啊——那是因为地心引力哦，水啊、碗啊、所有的东西，都会往下掉。”

“是不是洗手台不稳，你才把洗手液拿到地下，这样比较好压？”

“对啊！”

“那，你两只手在做什么？”

“一只扶着，一只压。”他讲得理所当然，我才恍然大悟，难怪地上会一坨一坨的！除了投入观察喷溅出来的洗手液，压完一次又一次，这家伙还记得要扶着罐子（必须说我觉得蛮有感觉的）。

既然症结点已经找到，那就对Jivan提醒就好：“宝贝，可是这样就没有手接压出来的洗手液了呀，你已经把罐子放到平平的地上了，它就不会倒喽，所以，请记得要有一只手去接，要记得哦！”Jivan应诺，说理后我再摸摸孩子的手：“昨天你看到洗手液被爸爸冲掉，跟水一起流到排水孔了，对吗？那样一罐洗手液很快就会用完了，可是却没有发挥功用，没把手洗干净也没把细菌带走，这就是浪费。**妈妈现在知道你喜欢看按压出来的东西往下流，那我们来找回收的罐子，装水，加一点点泡泡，再给你研究研究。”**

那次之后，关于爱玩泡泡的孩子，我不需要再说“不可以玩洗手液”“不可以把洗手液挤到地上”“不要浪费”种种否定句式的规矩，Jivan也能谨记正确使用洗手液的方式，他会告诉自己：“按一次就好，不能浪费！”

先理解并接受孩子，引导对话，突破盲点。

当我们的态度能敲开孩子的心扉，教养的道理便能轻易走进去，亲子间亲密和谐的关系也使得孩子快乐地成长。

我们先安顿好自己的心吧！**孩子就是找麻烦长大的，问题是，我们如何看待那些“麻烦”。用赏识的眼光了解孩子、成就孩子、教育孩子，但不剥夺那抹快乐的笑靥和无限的潜力。**爱孩子的你啊，孩子成长的过程，只会有越来越多来自于课业、人际、环境等的挑战和冲击，别再在只有短短十多年的教养，因为种种对孩子的期望而架空爱的基底，让大人求好心切的“坏脾气”堵塞住孩子心中的快乐，忘了“快乐成长”是生命孕育之初衷。

史上最心甘情愿受累的母亲，是有个内心流淌着快乐泉源的孩子，毫无掩饰地示爱。旅行那晚，洗完屁股换上干净的裤子后，Jivan完全忘记了刚才妈妈的坏脾气，小手搭在我的肩膀上说：“宝贝抱妈妈睡觉，拍拍拍。”**如果我的眼神不再那么锐利，那肯定是这位小天使从云梢选择了我，决定来逗得我傻里傻气地笑出声**。

“宝贝帮妈妈洗背，妈妈好可爱！”Jivan笑着跟我说。

“那宝贝可爱吗？”

“没有——”

“啊！那怎么办？”

Jivan想了想说：“怎么办……嗯……Love you!”

孩子，你是“可爱”也可“爱”，教养的路上我们是一同前行的伙伴，记得你的快乐并深爱着彼此，那些麻烦，一切好办。

拥抱刺猬：孩子发脾气时不强碰，引导孩子做自己情绪的主人

过年休假期间，我们长时间住在外婆家。一天，午睡时间到了，我铺好地铺，准备要两岁的Jivan躺下来休息。可是，已经开始会看脸色的Jivan还想玩，他很有主见地公然在外婆和小姨面前挑战我。

“不要！我不要睡觉。”他自顾自地轰轰轰，继续配音玩轨道车。婆婆们都跟着好说歹说，想让Jivan放下手边玩具，躺下睡午觉，我顺势把灯都给关了、窗帘拉上。

他开始气急败坏地冲到我跟前，抗议式哭闹：“宝贝不要睡觉、不要睡觉！宝贝要出去看鸭子！”

我看着他，淡淡地说：“时间到了，你要睡觉，我们休息一下就可以再起来玩，妈妈陪你玩。”

本来这么沟通都能见效，于是我便作势躺下，一如往常当喧嚣中的一抹优雅，想说看我这样，应该就无可奈何地摸摸鼻子跟上了吧！殊不知，这次他“人来风”了。

他知道要午睡，这是不争的事实。但是他脑筋一转，换了他的坚持说：“宝贝要回家去睡觉！要回家睡！”他抓起他的鞋子，还找到玄关椅坐下穿

好，接着是不断来回于门口和我打地铺的地方，对我哭喊："宝贝要回家睡觉！"

这期间，外婆和小姨都上前关切过，但Jivan依然故我，得不到自己想要的，反而在她们面前哭得更加凄惨。我示意长辈先去休息，让孩子发泄一下吧！

大约僵持了二十多分钟，搞得我也优雅不起来，理智线就快断了。我把Jivan带到门旁说："你想回家睡是吧？"

"是！"他大声宣告。

"我知道你想回家躺自己的床，但妈妈现在不想回家，我要在这里休息！"我明确表示立场与坚持，把他带到门边，给他选择。

一个先是不能选择的"现实告知"："宝贝现在要去，就只有自己去，但是你不知道路，我会担心。"一个是午睡之后可以做的两个选择："我牵着你一起去地铺睡觉，妈妈在旁边拍拍你，等睡醒，看你想要一起去散步，还是要一起玩轨道车，妈妈都陪你。"**大人得先柔软自己，就算坚定地踩稳立场也不代表会有冲突，当教养者展现长者的智慧，不和孩子强碰，缓和自己的语气并释出善意，才能引导孩子也一同冷静。**

Jivan犹豫了，停下哭闹认真思考，自觉自己对于第一个不能选的"现况"是吃亏的，他"试探性"地踏出门，不过，看到我真的没有要一起去后，他啜泣着，主动牵起我的手进门午睡。

一切都要落幕的时候，既没能继续玩又不能回家睡的Jivan，看着我躺的枕头再度欢了起来。他要睡在我躺的枕头上（天啊！这是故意给我找麻烦啊)!

“不，这是我睡的，我给你准备了小的！”我从不因孩子哭就心软“弃守”，然后Jivan又号啕大哭了起来，眼泪簌簌地从侧躺的左脸颊滑了下来。

我问他：“你现在很生气是吗？”

他用力说：“是！”

既然能够指认自我当下的感受，于是我决定让他面对自己的情绪，把情绪控制的能力交还给它的主人。

我把Jivan的棉被包好，再把他推远向另一侧，说：“那你在这边生气。**你可以生气！等你生完气了，我再来跟你讲话。**”他愣了一下，我重复：“你可以生气。”说完，我便离开现场，自己也去厕所冷静。

接下来在厕所，**我听到的不是Jivan的哭声了，是他大声嘶吼的叫声，掺杂他小声低语“我好生气”之类的话。大约喊了两三声后，就是一片安静了**。当我走出厕所看见他时，他还是在棉被里，只不过坐了起来，又是泪又是汗的，静静地望向我将出现的方向。

“生完气了吗？”我问。

“生完了。”

“我们可以睡觉了吗？”

“可以。”

“妈妈握着你的手好吗？”

“好。”然后他伸手过来，三秒入睡。

我想，最后他如此甘愿，除了哭累了，更是因为**他“总算”感到，可以为自己做些什么了，并掌有“如何做”的自主权。**

坏情绪来了，那就指认它、接纳它、克服它吧！

父母亲也接纳孩子的情绪，与其同调，觉察情绪带来的阻碍，调整回应方式，孩子也会从父母的理解中，生出内在的幸福感。

人人难免会有上火，或因外在遇到的事件而发脾气的时候，学习怎么控制它，甚至不让台风尾扫到他人，而非压抑与否认，却在潜意识里仍被它左右，这是我们毕生的功课。

我见过许多大人，无论出于方便还是出门在外想快点息事宁人，总是一味地用“满足孩子的想要”来平息闹脾气的孩子。孩子哭着要养乐多不走，大人“好了好了！不要哭了，我买给你”；孩子屡劝不听就是要骑公园其他人的自行车，大人硬是抱下来并说“妈妈给你买个新的”，其实，这样立即“粉饰太平”的处理，都没有深入核心，反而会强化孩子用这样的方式得到想要的，并持续出现诸如此类的的行为。

爱，不是“满足”孩子所有的需求，他对你的予取予求，总是以自我中心的思考模式，只会延伸出更多的教养问题。

在我刚接手的班上，曾经发生这样的小事件：一男一女两位学生在其他任课老师上课时私自换位，方便聊天，被身为导师的我看见后，在下课时要求他们解释，男同学支支吾吾的同时，没想到那位女同学什么话也不说，嘴里碎念、动作粗鲁，发出桌椅撞击声后，脸很臭地收拾好书包，马上就调头走人，完全无视我的存在。我叫住她，她头也不回继续走，眼看她与她目中无人的态度就要离开众多学生和我的视线了，我不得已提高音量，喊她的全名，慎重请她“站住”！旁边的同学连忙抓住她，要她停下来跟老师解释。

男同学见状，连忙说道：“老师！你先不要生气，她心情不好！是我的错，是我逼她跟我换位子。”

我说：“心情不好，不代表可以如此不尊重人。我一开始发现你们换座位时并没有生气，我只是需要知道为什么明明知道不能做的事，你们偏要做，是不是有什么原因是我不了解的。”

女同学已经被负面情绪环绕，这个时候如果还继续让它像颗毒瘤般在体内滋长，累积更多因外在事件诱发的坏情绪，那只会把自己逼到一个心灵生病的状态，若碰上一个也听不进去解释的老师再误会她、责备她，就会演变成师生对立的恶性循环，没有人愿意聆听彼此，事件也无法圆满处理。

我肯定了男同学勇于承担的勇气和道歉，也再次郑重告知他“有任何需要请先询问，而非为所欲为”这个症结点后，我才一对一与这位女同学谈话，让她在同学面前有台阶，也便于我单独谈话以敲开她的心房。

“我知道你刚才那样的态度，是因为你心情不好，你怎么了？”话一出，她的眼泪就簌簌落下。

我先释出关怀，接纳她的负面情绪，并表示愿意理解她的状况，她才能够跳脱出刚才被我大声震慑的感受，懂得我是出于不得已的。虽然到最后，她只稍微透露是因为好朋友之间的事件让她心情不愉快，但她对于被坏情绪围绕而做出“不尊重老师”的不理智行为道歉，在她离开前，我摸了她的头一下，她很不好意思地笑了。

倘若她站住时，我当着大家的面对她一番指责，她的情绪不但不会得到安顿，更会连带造成师生相处与班级管理上雪上加霜的后遗症，而她后续不合作的态度，也可能被设定为“问题学生”。这个青少年时间的女生正是处于“过不去”的节点上，她不一定需要其他人介入来替她处理让她不开心的事件，但有人能触碰到她的心，便能使其软化，这股温柔的力量已足够开启沟通的可能性，让一位有思考能力的高中生静下来反省被情绪牵着走的行为是否得宜，不站在对立而是引导者、聆听者的位置，“教育”这件事才有办法施展出最大的效益。

Jivan在我指认出他的情绪后，便是孩子感到“被理解”的第一步，光是“被理解”，就足以让他感到不孤独，感到妈妈与他的心理状态是正向能量的流动，他个人的存在是被看重、有分量的。同时，也让他惊觉、警惕自己，他正处于什么样的负面情绪中。

第二步，是允许孩子有情绪，并引导孩子用不危险的方式宣泄，训练他用“解决问题”的思考习惯，想想自己该怎么办，而不是我告诉孩子该怎么做。这时的孩子，已经因为“被理解”而能够稍微冷静了，或许“想要的事件”仍没有被满足，但是，当孩子认真做自己的情绪的主人时，他便不会困在“欢喜”或“任性”的旋涡中打转，使双方都难受。**唯有在稳**

定、欢愉的情绪下，孩子才容易接受“没有得到我要的”的事实，同时也能合作于教养者所坚持的原则。

拥抱如刺猬一般的孩子吧！他浑身短而密的刺虽然会弄疼了你，但那唯有在遭遇敌害的时候，才会将刺朝外，用以保护自己；我们是教养者不是对立者，懂得正确拥抱刺猬的方法，才不会弄伤了自己，也不会让我们的小刺猬因武装而感到孤单了。

处理情绪远比处理事件来的重要！

其实，人人皆如此，在各种关系之中，我们不是真的非要得到什么，而是希望有人能够真的用心懂我。受挫了、沮丧了，不是“这又没什么，别在意”的安慰话，而是有一股温暖的力量，接纳低潮，让度肩膀，**让最脆弱狼狈，甚至长满“刺”的自己知道，即使没有达成目标，我仍是被爱着的。**

一个人之所以能内在情绪平稳且快乐，是因为他了解并懂得自我排解不好的情绪与想法。学龄前的孩子正是开始学习做自己情绪的主人、灵活管控“情绪力”的时机。这次“挑战理智线”的经验，使我更确信，不能让孩子失去为自己搭建“情绪网”的机会，以免“漏接”了未来单飞的自己。

在孩子面前吵架，坏示范

车堵在南下的高速公路上，驾驶的Ra把车内的气氛搞得乌烟瘴气的。他甚至牵连旁人，说："为什么要回去看外婆！早知道我就不要去了！"

我听到他这样说，完全无法置身事外，自己因为堵车动怒，跟去不去乡下看亲戚，是两码子事！更何况是我自己的母亲、他的岳母，哪有不去维系关系的道理，于是我没好气地说："什么叫早知道就不要去了？我们本来就已经安排端午放假去看望父母了，已经很久没回去了啊！"

"我怎么会知道要一路堵车！这样根本不好玩。"Ra继续抱怨。

"我之前告诉过你，端午放假一定会堵车，你就坚持要开车啊！"

"开车比较方便啊！"

"问题是你现在因为开车心情不好啊，连带影响到我，还牵连到我妈，为什么当初不让我买高铁票！"我忍不住气地跟他吵起来。

"都是因为假期的车流量太夸张了！如果不堵车，我就很喜欢开啊，省一点钱。"

"来回油钱，加上忍受你莫名的脾气、堵车多花的时间，兴致被破坏了，哪是钱可以比的！"

"总之，以后我们都不要放假时回屏东了，不然你们就自己回去。"

"自、己、回、去！"这四个字听起来超刺耳的，"你也是家人啊，一家人一起回去，不是很开心的事吗？如果你要回荷兰探望亲人，我叫你'自己回去'，你是什么感受？"

"我的意思是，不要假期的时候开车去。"Ra自知说错话，解释得理直气不壮。

"那请问我们都要上班，屏东又不近，不放假的时候去，要什么时候去？"

就在我们一句句的争辩中，狭小的车厢内，有个声音逐渐安分下来。Jivan一人坐在后座，堵在车流里总还是拥有好心情的孩子，他本来唱着歌、看着窗外，和我分享看见的车子颜色和厂牌，却因为感受到父母亲对话语气中的不悦，变得噤若寒蝉，而亲眼目睹父母在车内起口角的压力和强度，是在一般开放空间中的好几倍。

如果是在家里，Jivan会在爸爸和妈妈起冲突时，来回跑动，拥抱我们；这是他希望他爱的两个人能停止冲突、不要大声说话的方式，无声但温暖，就算孩子并不真正清楚爸妈为什么要吵架，但父母之间的相处与沟通若出现问题，孩子毋庸置疑会感受到，受到影响而感到不安。Jivan的做法的确会让我和Ra缓和下来，思考自己说出口的话是否恰当，真的有必要现在在孩子面前争论吗？

我曾经和Ra讨论过，尽量避免在孩子面前因为意见相左而针锋相对，两夫妻来自两个不相干的原生家庭，文化、生活习惯、着重点不一致，不可能会事事契合，特别是孩子来到后，又有教养的问题，你不照我的做法，我不同意你的说法，日子里的浪漫很快就被消磨掉了。

记得，我的父母最常吵架的时间是在半夜。可能他们都以为我和弟弟们已经入睡，不会影响到我们，但他们不知道的是，我们会被吵醒，或者偷听，或者流泪，或者无能为力，然后假装一切都没发生。然而，怎么会不知道父母为何而吵？正因为是午夜时分，自己的名字隐隐约约，静谧中的一字一句，像把锐利的刀，杀出许多伤痕，再被孩子们搅和着泪水往肚里吞。那时候的我们，分别是中学生和小学生，不敢多问，表面武装得漫不经心，加上父母亲的刻意避开，也让我们只能在双亲面前“假装”不知道，却在无形中把“罪名”往自己心上刻，原来，这都是我的错吗？

眼睁睁看着白天的相安无事在夜晚碎成一地，留给孩子的，是对亲爱的父母和家的无力感，可能失去信任，也可能一辈子被勒索在自己的“罪刑”里。而以为“私下”解决就没事的父母，完全都没察觉到孩子心灵上的创伤。

我们都知道，孩子亲眼见到父母亲恶言相向、戏剧性地高分贝吵架，对他们的成长是一大伤害，然而，我们何尝不会因为柴米油盐酱醋茶的生活琐碎而说出情绪性的字眼？婚后，牙膏不从尾端开始挤要吵，袜子脱了没有马上放到洗衣篮也吵，孩子来到后，谁替孩子洗澡也要轮，看到另一半下班玩手机不帮忙也一肚子火，这些同一个屋檐下因为生活习惯上养成不同的“吹毛求疵”，每个孩子都不可避免地会见到父母彼此“翻白眼”的时刻啊！

根据调查，**妈妈们平均一天大约会因为生活大小琐事，和爸爸们有八次争执，而无论大人们有多么刻意地要把孩子自冲突点隔离，孩子还是会直击45%的父母吵架。**[①]所以，不让孩子看到父母的争执，即便是日常生活上对对方的抱怨或斗嘴，真的是有可能的吗？一点点口气差的怨怼都能忍得住吗？夫妻间的每个观念都契合吗？孩子难道不会自动侦测到浪下的暗潮汹涌吗？我们真的能完完全全在孩子面前只展现恩爱吗？但真相就是，千避万避，忍着不对另一半动怒，也只能躲开一半不被孩子看到的几率啊！

这点当头棒喝，提醒了为人父母的我们，宜更留心注意：**孩子自我的情绪状况和安全感，其实会更直接受到“父母亲两人之间的关系”影响，程度甚过于“父母与孩子的关系”**。

在车里，后座上的Jivan正亲临一场父母间的争执，被固定在安全座椅里的孩子，静默地听我和Ra唇枪舌剑，虽然看不见他的表情，我却能从他的缄默中体会到他的感受，要继续和孩子爸爸争辩下去吗？

“那请问我们都要上班，屏东又不近，不在放假的时候去，要什么时候去？”刚刚我问的那句话，Ra还没回答，我便接着说：“你可以转换个心情吗？都已经这样了，不要再让车里的气氛乌烟瘴气的，我明白，荷兰不像这里这么拥挤……”

但一方面，谢天谢地，我们两人都是朝着“解决问题”，而非“人身攻击”前进。他也发现儿子的反应，便稍微软化下来，说：“我就是很累，顺顺畅畅地开多久都还好，但开车要一直刹车，就很容易烦躁。”

“那，就不是‘要不要’回去看外婆的问题，对吧？”我接着问。

“不是，是时间点和交通。”

“我怀孕坐长途车也腰酸背痛，可是抱怨也不会更好，对吧？”

“嗯。”

“我们是不是可以好好享受被‘困’在一起的时光，让心情好过一点？”

“I am sorry.” Ra大叹了一口气。

我提议我们俩要多学学Jivan的正面能量，在安全座椅里坐了四五个小时，依旧自得其乐，哼着歌、玩玩具、欣赏风景。对他来说，有父母的陪伴已经是最幸福的时光了！

我回头看着默不作声的Jivan，说：“宝贝，我和爸爸说完了。抱歉，我们刚刚讲话有点大声，但那不是你的问题，是爸爸开车很累，需要休息，透透气。”

说完之后，我给他一个浅浅的笑容，让紧绷的孩子也放松下来。这一步的“澄清”是必要的，**既然孩子已目睹父母亲在生活上琐碎的小争吵，那就要“让孩子也见证问题是如何被解决”及“别让孩子把误会往心里去”**。

Ra也缓和了自己的情绪和语气，跟儿子说爸爸妈妈现在已经没事了，合好了，等一会儿要去休息站去买杯绿茶。果然，他还是要避开休息站的人和车，我笑他有人潮恐惧症。

“对，那让我头好痛。” Ra无奈地说。

“我知道啦！”

我们以为“在孩子面前吵架是坏示范”，会影响孩子身心的发展，或觉得“孩子还小，不用知道”而刻意支开，其实，据研究显示：**参与实验“目睹父母起严重争吵，但也目睹至最后父母将问题解决，回归正常互动”的孩子表示：“他们觉得见到父母吵架的过程完全没问题，甚至很开心起冲突的事件能被处理好。”**也就是说，假若正在吵架的父母，吵到一半突然发现孩子正愣在一旁，于是先中断争执，离开现场或把孩子支开，甚至以为自己已经“躲”起来吵，孩子不会知道。如此只会让家庭状况和气氛更糟，特别是父母根本没有意识到孩子是知道的，或是忘记在支开孩子后，回头再告知孩子：“爸爸妈妈已经把问题解决了。/ Everything is ok now.”

所以，重点已不再是要不要避免在孩子面前吵架，认清来自不同的原生家庭，会有不同的生活习惯，那么，意见不合的口角本来就随时可能会发生。孩子暴露在“婚姻中具建设性的冲突”之中，反而是对孩子有助益的；所谓“建设性的冲突”，指的是冲突各方“目标一致”，实现目标的“途径和手段”不同而产生的冲突。建设性的方式解决冲突，可以促进不同意见的交流和对自身弱点的检讨，内容包含双方都关心共同目标达成的过程中，所出现的问题该如何处理、愿意了解彼此的观点、争论是为了寻找较好的方法以解决问题等特点，**只要父母两人能控制好情绪，并避开人身攻击、言语侮辱等只会让状况加剧恶化的行为，最后，在达到解决问题的共识时，表现出真诚与对彼此的爱，那么，孩子便能从透过父母双方的身教，学到（1）解决问题的良好示范，以及（2）如何在情绪激昂时控制思绪，不伤害他人和自己，同时也体认到（3）“沟通和解决问题”才是维持一段良好**

关系的必要条件。②

夫妻间能不放弃沟通，便是给孩子最安心的承诺。

越是亲密的人，越要“好好”地表达己见，设定界线，与人相处、交友并不需要处处忍让、压抑情绪。明白负面的情绪来自于什么原因，知道如何用正确的方式排解那些让情绪走样的问题所在，冲突也就不用刻意避免，而是会变得具有“共好”的意涵了。

记得！吵完了，要用力地拥抱彼此。

---

① 统计资料来源：Po Bronson 和 Ashley Merryman 撰写的 *NurtureShock: New Thinking About Children* 一书。

② 资料整理自网络 MBA 智库百科，参考 Constructive conflict。

当情绪凌驾于理智，请先向内唤醒一颗真诚的心

一天开始，醒来睁眼，看着熟睡的孩子，总打起精神来对自己说："好！今天一定要当个温柔妈妈，不能生气，不能生气凶你！"

好，Jivan起床了，事情就破局了。他强烈的自我想法，搭配上偶尔倔的个性，明明知道他要换衣服，却故意一副"我想做什么自己决定"的样子，我从热情邀约"宝贝早，来换衣服喽"到柔情攻势"宝贝，来吧，妈妈陪你一起穿"再到冷冷告知"Jivan，请你过来，妈妈把衣服裤子都准备好了"，不来就是不来，与其说他是面无表情，不如说是藏住挑衅，锐利地直视我不断变脸，因为这样的过程，**正强化了他个人的主体意识，我知道，这是他的"独立宣言"**。

我离开先去梳洗自己，大口哈了一口气，对着镜子说："你，加油！"等到我再次回到房间，Jivan好像是觉得够了，他说："妈妈！我可以换衣服了！"我收起刚刚不被当一回事的小小怒气，安慰自己孩子也不尽然那么调皮，于是又热切地回应，"好呀，来吧！"他来了之后，动作又停了，左边好奇那个东西为什么，右边恍神加定格望着窗外。我实在快要抓狂了，不耐烦地直呼他的本名，简化动作"赶、快、脱、裤、子"……这已经不是

换衣服的生活训练，是孩子丢了一颗手榴弹过来，等着看妈妈自己拔引线引爆啊！傻孩子，妈妈爆了，你也会遭殃啊！

这时，Jivan说话了，他说："妈妈，你对我不好。"

空气凝结，他绝对不知道这句话对我来说，有多大的杀伤力。如果是用过去的经验来反应，这个时候我应该是会很生气，对，非常生气的！我哪有对你不好！我什么都想到你，还为了你这么辛苦，你知不知道我要多用力才能一直一直温良恭俭让，你说说看啊，我哪里对你不好！歇斯底里一番后，眼泪可能就会流得一塌糊涂，一阵无力感接着会涌上来。有那么三秒，我脑内急速飙过这些画面。然后，**我的"后设认知"就迅速觉知，接纳了自己可能会愤怒的情绪，反而就让理智掌管住思路了！体内一股不安分的心头火被团团包起来的感觉，在车子暴冲前，我先踩住了刹车。**

我告诉自己，这是Jivan最直接不造作的感受，他的语言发展再好，修辞总未世故。**教养本来就不是来讨好**，我绝对无法像祖父母对他那样，顺着他、宠爱他、帮他做；作为领路人的身份，还必须要成为孩子的教练，把重要的技能和人生态度传承下去，经由一路上各种的体验，完成或易或难的挑战，有天放手让他走自己的路时，他可以很自信地迈开自己的步伐，承接任务，也承受生命的碰撞，懂得照顾并珍爱自己，让爱他的人好放心。

"你觉得妈妈对你不好？"

"对！"

当妈妈的应该都可以感同身受，我需要多大的修养，才能很平静地、若无其事地重复点出这句话，**让Jivan不是因为害怕我，而能够放心说出**

真话，对话才能更加深入。

我想确认："妈妈什么时候会对你不好？"

"换衣服的时候。"

所以不是每个时候，而是在对孩子有所要求，孩子无法好好合作，以至于情绪失控、有对立冲突的状况里。最近的确因为Jivan不爱喝水、收玩具三催四请、早上赖床赶上班，而必须对他持续发号命令与责备，再加上一打二的疲累，我比过去全心全意对他时还要不耐烦许多。

我再次觉察感受，问他："那你觉得我对你不好的时候，你会害怕吗？还是会紧张？还是……"

"是我不想跟你讲话，我不理你了。"

"你会不想理我，要妈妈离你远一点，是这样吗？"

"对，你对我凶，我会哭哭。"

原来是这样，难怪每次我只要稍微大声一点，他就会直接先说："妈妈我不要跟你讲话……"他已经感觉到气氛不对，猜到我可能会对他不温柔了！而我凶他，会让他想掉眼泪，他是这么清楚又深刻地说出自己的心声。

我心想："怎么会这样，我是这么爱他的啊，Jivan一定是很难受了，才会要能让他依靠的妈妈离他远远的，**他的心里肯定很孤单，但他宁愿孤单也不要一个生气的妈妈……**"其实，透过这四句对话的厘清，亲子之间对峙的情形就已逐渐软化下来了，同时，**也进行了内在对话，抚拭了成长历程中那位无助的小孩，那种"希望母亲留在身边又随时害怕母亲翻脸"的记忆，始终在心里矛盾挣扎，成为潜意识中，一抹挥散不去的阴影。**

大人啊！也曾经是受伤的孩子啊，很多时候是不知道该怎么面对自己过往的伤，任由它坑坑疤疤的结痂，长大后，就变成了坏掉的大人。

“凶”字，本有“恐惧”之意，用人们心中恐惧的力量来控制他者或被他者控制，是一种无能为力的表现，也暴露了自己的短处；它是无计可施后，最后也最不得已的手段，要用气势先发制人，彰显自己的地位，达到目的。如果需要靠“凶”来让孩子完成某些事，久而久之，亲子间将失去亲密的连接，对立将使敌意顺势而生。想想也奇怪，怎么非得要先让一个人有“负面”感受，以为那样就会出现“正面”结果呢？为什么要先凶到孩子想哭，边哭边做，教养者反而才会笑着说“做得好”呢？

严肃的语气，不一定要让人感到恐惧。暴怒起来的“凶”，对孩子而言就是一种暴力。**Jivan要我从他面前消失，即是他保护自己的方式，移除可能会弄伤他、惹他难过哭泣的人，以“不面对”作为他的防卫机制**，只是，他在我已经充满负面情绪的时候，还不识相地叫我走开，简直是火上浇油。假如，我不了解孩子的想法，那么，当他对我说：“妈妈，你不要跟我讲话，我不要理你了！”我的情绪就会怒不可遏、大发雷霆，毁损孩子对妈妈的观感，连带的，我也将会失信于孩子，无法营造安全、有爱的环境以进行教养。

更糟的是，**孩子只会记得“妈妈凶”，却无法连接“妈妈之所以凶的原因，是来自于他的行为”，孩子也不会因为我今天多爱他一点，就忘记我曾**

经伤过他的心。人会倾向于记得那些悲伤、不幸的时刻，美好的事物再多都不敌被放大的苦痛。**亲子间，只要几次不愉快的交手经验，孩子的脑海中就充满着“你对我不好”的想法，他还无法体悟到这一切都是为了他好，甚至很容易就认为“妈妈根本就不爱我”**。

妈妈这个角色，怎么那么吃力不讨好啊！我抱着好想好想做好，但还是不免搞砸的郁卒心情，我说“宝贝”，深呼吸，“对不起，妈妈说话的方式让你想哭，我也不想发生这种事，生气不只你感觉不好，对妈妈自己也不好，我好好请你过来换衣服，你怎么都不理我呢？”他不回话。我接着说：“你知道，是该换衣服的时间了，但是怎么了呢？你要让妈妈叫好久好久，叫到我受不了了。”

Jivan眼神飘向自己的手，轻轻搓了起来，他小声私语：“我要爸爸帮我换。”

我明白，他这是“表现无能”。Ra不只幽默风趣，还会直接帮他全套换好，他不想要自己做，而我不能满足他不想动手的念头，正好是强烈的对比——我对他没有爸爸对他好。其实，不只换衣服，许多事情他都指定要爸爸，特别是在妹妹出生后，用“表现无能”以“讨爱”的倾向更明显，他看着父母悉心照料妹妹的模样，也出现希望大人都帮他做好的想法，以为那样就是温柔和关爱。

了解Jivan的心情和想法后，我就这样被他排除在外，他拒绝与我合作，拒绝谈话。大约在两岁半之后，Jivan发展出“侦测”大人准备要开始对他说教的感知功能，他就会在乌云笼罩前，先做好远离的举动，表示出“我可以做啊，但我要选另一个人和我一起”。然后，我所有这些因孩子态度、话语而产生的感受，就被晾在一旁，一副不关他的事一样；我发现，**倘若我真的顺他的意而离开现场，把老公喊来，那么，他将不会知道，他的言行是怎样影响到我的，“难道妈妈只会对他生气吗？妈妈就是这么爱凶人吗”“妈妈也需要被好好对待的啊”的内在感受起了什么样的变化，我又是如何面对我的情绪的，这些，都是教养日常中，最真实、不假不造作的情绪处理素材。**

既然我在当下已经因为了解而冷静，不必使用“暂时离开”的方法，来帮助自己思考该怎么处理事件，那我就更不能走了。一走，**孩子将会认为，只要那个人不如他的意，他就可以不用面对，他自己处理不来的事**

件所引发的情绪，或是对方因他而起涟漪的焦虑、沮丧、愤怒等负面情绪，都可以用抽换、逃避来“自欺欺人”，无视于自己的内心声音，也漠视了他人的感受，如此一来，察言观色、判断他人的表情和语气回应的“人际情绪力”就难以健全发展。我一定要先诚实以对，以身为例，让Jivan知道，用真诚的心态面对情绪，虽然会感到压力，但是没有什么好怕的。人与人之间，先真诚，才会有理解、有和谐，亲子之间亦是。否则，每次我只要语气一变，他就不要我，这样，我怎么进行我的教养职责，岂不养成他“明知棘手的状况来了，但只要‘不面对’就没事”的处世态度和价值观吗？以后上司口气对他一不好，难道他就要换工作吗？朋友一不如他的意，就要搞绝交吗？没有人想要养出一压就烂的草莓啊！

留在原地，我试着用“话”摸摸他的心说：“我知道，你觉得要自己做很困难，所以妈妈和你一起练习。爸爸正在洗奶瓶，现在是妈妈陪你。”

事实就是如此，Jivan势必要面对这个他觉得“现在正在对他不好”的人。当然，我也必须真诚反省，想想为什么孩子不动作，我会生气？生气的我，在孩子眼中又是什么模样？当孩子发生不符合期待的行为时，我难道只能动怒吗？仔细往内挖掘，就会发现自己不是，也不想这样的，我们往往只是不知道，甚至没有察觉到还可以有别的做法。

我把语气放缓，认真地看着眼神想飘走的Jivan说：“我说话时你不理我，我一开始会生气，但其实，生气一下之后，就会感到伤心，因为我很爱你、很在乎你。”

他看着我，正在消化我描述的前因后果与情绪变化，“我不动作你就会生气，然后会伤心吗？”Jivan接着问。

我回答："嗯，就是因为我很爱你，所以一件你可以自己做好的事，却要妈妈一直叫你，叫到我都变成故事里大野狼的样子，我超级不喜欢那样的我，就会出现伤心的感觉，为什么我要变成那样的妈妈呢？还有，你不理我，我也会难过。"我一面夸张展演自己的脸部表情和声调，一面把"情绪是怎么产生的"传递给Jivan，他这时候，倒是已经能够盯着我看，不再要我离开他的面前了。

当我表现出哭泣的模样，而他辨认出来我的情绪，就激发了他的惭愧感，他把身体的重心凑过来，双手搭在我的脖子上。我垂头丧气地继续说："我还有一点点的沮丧，我觉得我很努力保持我的耐心，可我还是没有做好。对妈妈来说，我不知道为什么我的宝贝要故意不来换衣服……"

情绪没有好坏，能够表达情绪也是健康的表现！

虽然处理快乐、雀跃等正向情绪，总是相对容易的，但也要让孩子知道，事情发展不一定都会顺利。

教养者能勇敢地诉说内心的声音，带着不欺骗的真心诚意，受益的不只是孩子，自己也是获益良多。难过想哭的时候，别再说羞羞脸了；生气的时候，用力吐一口怒气，再现明亮宽敞的心吧；垂头丧气的时候不用强颜欢笑，焦虑的时候也不妨让孩子看见你踱步来回的样子，搞不好他会有好办法！抑制愤怒，是会妨碍问题的解决的，所有的力气都用来压抑了，哪来的气力去找到解决的方法呢？而且，常常静下来思考自己生气的原因，就会发现，其实自己不单只能发脾气，情绪有许多不同的面孔，也就是，若做不到温柔时，我们不一定只能大声凶孩子，不是非黑即白的。

我把因这件事而起的心路历程、情绪变化和调适，赤诚地呈现给孩子，用“我”的立场和感受来说明，降低了针对性，避免情绪勒索，如此一来，孩子也不会感到太多压力。如果事件再复杂一点，情绪较难排解的话，可以再进一步和自己对话，试着想想自己希望怎样被对待，小时候的自己有什么类似的经验可以分享，这样，大人的心也能快速稳定下来，我们先温柔对待自己了，孩子才会跟着平稳。

《中庸》:“诚者，天之道也。诚之者，人之道也。”追求真诚的心意，是做人的原则，**父母的一片真心，是教予孩子一份“诚挚”的无价之礼，“只有我们愿意打开心内的窗，才会看见心灵的宝藏”**。

因为我真诚的描述，Jivan开始动作，他兴奋地说：“妈妈！你看，我的裤子没有脱反！”

“我就知道，你一定可以记得怎么脱不会反，对吧，要练习！”我开心地给了他一个大微笑和拥抱。

我不需要靠帮Jivan穿衣服，来让他认同我是对他好的，况且，什么才是对孩子有帮助的，并不是由一位三岁的孩子来定义。我不是完美的母亲，也不以“完美”逼迫自己，我秉持的信念，是只要多一份自觉，教养一定可以多一点和谐与温柔，我也能够成为我想成为的那种母亲。**事与愿违会**

经常发生，但那正表示孩子就是一个独立思考的人；培养出一位会思考、做判断的人，要“教”而不是“管”，“教”是站在成就孩子生命的位置，“管”只会牢笼他人生的格局；“教”是循循善诱，做孩子生命的启发者，“管”是一个口令一个动作，僵化思想。

“宝贝，我会好好注意自己对你说话的方式，那你也跟妈妈一起努力，我提醒你一次，你就迅速行动起来，我可以相信你吗？”

“可以。”Jivan开心地回答我。

只有偏差的行为，没有本性坏的孩子；回归最初的一颗心，用真诚回应自我、引导孩子，才能让亲子相依的十多载，因那些吉光片羽而能闪耀出动人的光芒。

没经历过，哪来超越？化恐惧为成长的力量

Jivan是个对外界任何变化，都能情绪稳定地回应的孩子，对各种事物都好奇无比。但一岁多时的他有个罩门，就是“门关起来了，而没有人跟他在同一空间”，他能一秒崩溃，“恐惧”的情绪像油门一样飙升，不管在哪个熟悉的空间。通常，我会打开门“解救”他，他也会马上破涕为笑，但那晚，**我临时决定来实战演练一下他“害怕也要好好说话”的能力**。

当晚，只有我和Jivan在家，洗澡前，我照惯例请他把脱下来的衣服放到房门后的洗衣篮，然后我趁机去拿新的洗发乳。他开心地推开房门，边走边提醒自己“放篮子”，估计是他推门太用力，自己把门给关上了！“砰”的一声后，我在储藏室马上就听到天摇地动的大哭。

因为这种状况发生过很多次，主要就是Jivan独自一人在隔离的空间，因看不到妈妈而产生的不安与恐慌，可是，门打开就好啦！于是脑筋一转，想说最多就是他试着开门时把喇叭锁锁住，而我有备用钥匙在！我便决定一手转着喇叭锁的锁头（还是要避免他自己锁住，节省我去拿钥匙时他等待的不安），一边蹲下来在门外专注跟儿子对话。大人语气平缓，才能领着

孩子将情绪稳定下来，再进一步学习开口表达，若是大人也慌张，或是不耐烦，孩子会很难学会自我控制，使得情绪收放的调节能力发展不完善。

我先敲敲门，让他知道妈妈来了，无论发生什么事，都有我陪着。

“宝贝，你怎么啦？”Jivan依旧大哭没回应。

“是门关起来了吗？”我先帮他把状况说出来，他仍旧边哭边拍门。

“你是不是需要妈妈帮忙？”替他把他的需求说出来，也让他知道这种时候不只是哭，自己还需要帮助。

Jivan隔着门听我情绪平稳的话语，他开始试着停止一味的哭泣，但一开口还是哭腔喊：“帮忙，帮忙！”能够清楚知道此刻的自己需要协助，但需要什么帮助呢?

“你是要妈妈帮忙开门吗？”请孩子冷静思考，具体描述需要什么样的帮助。Jivan才正开始牙牙学语，加上这次是我知道的状况，所以能陪伴孩子练习，但未来遇到困难时或许不这么单纯，**我希望能培养孩子一个人遇到状况时，仍然能够静下来观察与思考，然后适切地表达最希望得到什么有效的帮助**。因为，唯有当事人最了解自己所处的环境和事态。

最后，儿子努力不哭，跟着我的从容，也把自己的情绪稳定下来，透过重复的引导，他明确在门边说了：“妈妈！帮忙，要开门。”一岁多的他做到了在恐惧时冷静地表述，“除了哭，事情还能够这样被解决”!

后来门一开，儿子就冲向我怀里，已经不哭了并清楚地说：“妈妈，怕怕！”

我紧紧搂着他安抚，静静等他停止哭泣了才说：“我知道你怕，所以你哭，妈妈懂，妈妈抱一下！我帮忙把门打开了哦！以后发生同样的事情时，你可以试着想办法，用说的或自己转转看都可以。”我一边比画教他们怎么转才会开。

同理孩子害怕的原因，能帮助孩子积极面对“害怕”。

“了解情绪”会让孩子更具体地看待情绪，并更有效地协助孩子“消化情绪”，正因为会“害怕”，所以妈妈与你一同练习“克服”它。**学着认识到“害怕”的感受会过去，它有个“停损点”，不会无限扩大，而孩子自己需要采取些什么行动，来停止那样的感受。不阻止“害怕”事件的发生，才能从经验中不断成长，增加抗压性，把恐惧的力量化为成长的推力。教养者的定位，不是铲装机，也不是直升机，是为了未来放手之时，孩子的心，强大到足以独立面对生活中的各项考验。**

所以，哭过之后，要陪伴孩子练习跨越。我没有跟他说“不哭！男孩子哭什么”或是“这没什么好哭的啊”，孩子当然可以宣泄情绪，即便是大人，面对害怕的事物，也会手足无措，也会懊恼痛哭。如实正视“害怕”，确认并接受它的存在，所以我没在化解孩子所面临的困境瞬间，安慰地说着“好了好了，没事没事……”或是急着澄清“门‘只是’不小心关上而已！没什么好怕的”。对他而言，他心底最恐惧的事发生了，怎么会没事呢？**从害怕到恢复平静的过程，恰巧就是“克服”恐惧的关键，这时候静静地陪伴、接纳、拥抱，孩子将逐渐因为“正视”而明白害怕是什么模样，感受最诚**

实的身体在给他什么信号：原来这样就是害怕的感觉，原来害怕被好好处理后是这样的感受，心跳慢慢平稳下来了，原来这种感觉会逐渐淡去，等等，协助孩子自我认识。

打预防针，也是很适合让孩子练习“正视恐惧”的时机。一岁以上的孩子已经不像初生婴儿般，傻傻地被抱上床扎针，他们会抗拒，恐惧感会油然而生，很具象地看着自己的四肢被固定住，然后身体被一根针侵入，接着产生疼痛；即便注射结束，听见大人们说着“好了好了，不痛不痛”，但明明心还是跳动得很快，眼角仍挂着泪，还可以“看”得见“痛”的时候（酒精棉花），“害怕”就还是在。“大人都骗我！”孩子心底的恐惧感还没被真正处理过，只是让他们害怕的外力事件在“这一回”中场休息而已，因此，下一回再遇到同样的状况，便可能出现更激烈与严重的反抗。

记得Jivan打日本脑炎疫苗时，**我在事前就先告诉他做这件事的必要性，并提醒他将会遇到的状况的细节，也分享了自己打针的经验；平常，透过游戏和故事书，循序渐进地引导。**打针当天，才把Jivan放上注射台躺平，他便开始哭出声，我再次告诉他即将发生的事，会感到一点痛，但痛会过去，还实况转播地解释护士在做什么啊、针拿出来喽宝贝、看！我们贴上胶布喽……直到我婆婆替他穿上裤子，他立即停止哭泣，环顾四周还指着台上的玩偶，破涕为笑地说：“鸭鸭！”虽然发生时他依旧哭了，但“哭”是孩子宣泄的方式，当他不需要我多说什么而自主冷静下来，我便清楚知道，这孩子“害怕”的恐惧感过去了，我陪伴在他身旁，我们“一起”将这个必须发生的事件完成。

这个事件里，没有人是坏人，而“害怕”的本质和“疼痛”的感受也不是坏事。事前、事中，我们如实正视“恐惧”，事后，没说“好了好了”，也没有欺骗孩子“没有没有、什么都没发生”；**事件结束但恐惧的情绪仍还没退去时，不妨先静静抱着孩子，让孩子感觉到大人理解并尊重他的反应，同时，让孩子感受一下心里最真切的感受吧！因为接受“害怕”的存在，才能长出“要去克服”的勇气**。与其让孩子什么状况都不知道就感到疼痛，不如给他心理建设，让他懂得“害怕”，而处理“害怕”需要“勇气”，勇气是自我选择用意志直接面对不确定性的气概，那不是不哭，而是在父母耐心解释、充分呵护中，明知害怕仍了解执行的必要并配合，在那个停损点过后，有“相信一切都会好好的”的信心。

消化打针的“害怕”情绪，不是只在当下哦！回家后，我请Jivan跟爸爸和外公说我们今天去打针了，很勇敢，只哭一下下，然后请他指给他们看哪里痛，让孩子记得“打针会痛，但真的过后就不会痛了”。不过，当我把酒精胶布撕下来时，Jivan的恐惧感又被唤醒，他放声大哭，我等待他静下来，请他看看撕下的胶布，并说：“你看！害怕和痛痛都撕下来了，你把它丢到垃圾桶好吗？”Jivan停止哭泣，从我手中接下胶布，自己走到垃圾桶边，说了声“拜拜哟”，便把胶布丢进了垃圾桶。

这样做，有一个**正式跟“恐惧”道别的仪式感，这时，请大大的肯定孩子正视它的勇气，强化他相信“自己可以做到”的信念，坦然面对必要发生的事件所引发的负面情绪，才能在一次又一次的练习中，缓和害怕在身体中起作用的力道，逐渐缩短消化的时间**。

父母亲都想要安抚受惊吓与哭泣的孩子，然而，外面偌大的世界，孩子的人生终将要自己闯荡。我们很难在他遇到的每个恐惧时刻，立马冲上前解救说“不怕”！父母在前面枪林弹雨，但防护罩终究有卸除的一天，倒不如就在背后，给予无限支持的力量，**在能陪伴的日子里，温柔地“接纳”孩子哭泣的时刻，带着孩子体悟到“害怕”的存在不过是生活百态之一，陪伴找到内心安顿之法，训练孩子在未来的人生旅程中，具备冷静地寻找解决途径的头脑，懂得寻求帮助，善用资源，“克服”阻碍在前方、让他裹足不前的情绪**。

▲两岁的儿子卡在成长椅背与座椅之间进退不得，哭泣声唤来大人后，已能冷静下来，清楚表述自己“出不来”，需要帮忙，并在老公用螺丝起子拆椅子的时间中，泛着泪但仍能自我安抚，安静地等待。

一岁多的孩子能具体表达自己的想要与不要，知道自己喜欢什么、在什么状况下会感到害怕，因为他们会走路之后的“新世界”更大了，接触许多新事物的同时，有新奇当然也会有不安，怕太黑、怕突然的声响、怕看医生，等等，他们恐惧情绪发生的频率其实蛮密集的；**所以，教养者这时就可以开始陪着孩子练习：“当害怕的感受席卷而来时，如何表达恐惧，除了哭，还可以怎么办？”**

同样也是在Jivan一岁多时，那时的他很不喜欢赤脚踩沙子，有一次我把他抱到沙坑中，想说再来试试看他的反应，结果当时他马上一屁股坐在沙上，拒绝双脚踏在细沙上，这是他面对恐惧所采取的实时反应。

接着，他指着沙子，试图克制想哭的情绪，囧起脸来看着我说：“这个，怕怕！”他明确指出他恐惧的来源。

我问他：“宝贝不站起来走吗？不走就会一直在沙子里哦！”

他还是不动，环顾四周，周围的孩子们在沙子里玩得好愉快，他感到困惑，一会儿还是很坚定的相信自己的感觉：“怕怕！沙子！”

“怕沙子啊，那妈妈牵着你走出来好吗？来，牵牵！”

温柔地接受孩子的情绪，**让孩子与信任的教养者“肢体接触”，感到充分被保护而愿意卸下心防尝试**，在孩子还没办法自己想出办法前，提议教养者可以用“i+1鼓励法”（详见第一章），在他可接受的范围上再多加一点点的挑战，陪伴孩子踏出舒适圈，累积一次成功克服的经验，化恐惧的力量为成长的正能量。

后来，Jivan牵着我的手，鼓起勇气，一步一步从沙坑中走到一般路面，刚才才说“怕怕”的孩子，又多了点Yes的“自信”，很快之后就不再害怕赤脚踩沙了。当孩子已经在害怕的情绪中，大人千万别再用言语刺激“有

▲想爬进去但后背包卡住了，在淡定想办法中的儿子

什么好怕的啊，只是沙子”，也别施加压力“快啊！来玩嘛！沙子很好玩……”这样只会让孩子产生“羞愧感”，**而羞愧感只会削弱孩子的信心**。单纯地让孩子感到“你在”的安心，练习在恐惧中冷静，才有该如何应对的下一步。

孩子已能收住害怕时过度的情绪，冷静自己，接下来就可以进一步练习“好好说话”，把需要的协助清楚地说出来。**尽管学龄前的孩子语言表达能力有限，但不阻碍“思辨能力”的培养**，他必须对自己够了解，也明了自己所遭遇的害怕事件，进而想出可行之道，克服恐惧。

起初，受制于语言能力，大人必须耐心观察孩子的情绪反应，再帮孩子把需要的协助说出来，与他核对，譬如：“宝贝怎么哭着跑回来了呢？车子怎么还没收到玩具间啊，是灯没开，你怕黑，是吗？”然后他会思考确认，整理成他能表达的话：“是，那边（指玩具间），怕怕，开灯。”

待语言与思辨能力慢慢累积后，便可以把“没有时效性、不危及安全”的情况的解决方法，抛回去给孩子思考。譬如：Jivan有一阵子很怕在吃饭时突然听到背后传来的家狗的叫声，他因为看不到后面发生的状况，紧张到吃不下也坐不住，频频扒着我讨抱，我问他：“你害怕狗叫吗？”

“狗狗不要叫！”他这样说着。但，即便狗已经不叫了，他还是心里会莫名恐惧，不时想哭，很不安稳。这便是害怕让心还惴惴不安，担心狗叫声随时会突然出现吓到他，显然，“让狗不要叫”的方法**没有处理到孩子恐惧的核心。**

我再次询问：“狗狗不叫了，那你是担心狗狗突然从后阳台冲出来吗？”儿子点头。“那，怎么办呢？怎么做你才会感觉好一点，不再害怕？”

即便面对自己的恐惧，孩子也有提出解决办法的思考能力，“门关起来。”这是Jivan想出来的办法，比起我提出来了各种方法，孩子自己提议的会更“直捣黄龙”。

“真是好方法！”我说（别忘了肯定孩子）。当我起身把后阳台的门关上后，他便把担忧放下、专心吃饭，双脚又轻松地晃动了起来，显得很自在。

“害怕”是正常的情绪反应，也是生存法则中与生俱来的能力。

别让孩子觉得“害怕”会挂不住面子，“羞羞脸”“胆小鬼”“不用怕啊”等言语上不同理的对待，无法激发出孩子拥有面对恐惧的气概，害怕的情绪魂牵梦萦着孩子，安全感自然也就不足。**我们就是孩子最大的安全感来源，若连我们都取笑他，他成长的路会多么的无助；若只是剥夺孩子经历“害怕”的机会，“恐惧”又怎能成为成长的正能量？让孩子了解自己，超越自己，善用每个害怕的时刻，学着强大自己。**未来害怕上台，他会想办法；未来害怕独自睡觉，他会安抚自己；未来害怕失败，有化危机为转机的处理意识和能力；甚至在未来面对失去，他有承受失落的勇气。

教养就在生活细节里，无论面对什么情况，需要妈妈时我一定责无旁贷，**用等待和陪伴，与孩子从小学习正视、了解、消化与克服“恐惧”**，培养在害怕时，仍能明确描述所遭遇的问题，倘若想不到办法时，至少拥有“清楚表述”而让大家集思广益的能力，找到可行的帮助。教养者如果总想替孩子解围、当兵来将挡的保护角色，孩子便缺乏经历害怕的过程而生出勇气，影响健全人格的发展；而在恐慌与困境中，能战胜害怕的情绪，冷静地“好好说话、适切表达”，是在人际网络时代对生命的责任。

打出亲子间的场场好球：先同理，后讲理，理智不断线

我实在是不想归咎两岁七个月的Jivan出现的种种不合作行为，是来自于Terrible Two[1]，然而，我和Ra“合理化”此阶段Jivan的反抗——“Terrible Two就是这么恼人啊”，其实只是找个借口，让我们内心好过一点而已。

夏天，本来想趁着妹妹出生前，就我们夫妻俩带着儿子，全程陪伴来场小旅行，结果变成Jivan每日三餐要脾气哭闹，大人三餐失去耐心，情绪大崩盘。奇怪，不是我一个人带孩子出国旅游都没问题的吗？Jivan不是最贴心、最合作的外出伙伴吗？怎么半年前我回归职场，他去保姆家后全走样了？

我试图将自己因怀孕后期身体不适的状况，和过度炎热的天气当作一切失控的理由，但其实，我心知肚明，**是我先控制不了自己的情绪，求好心切而想直接“征服”孩子、主掌情势，当阻止不了孩子展现完全真实的自己时，就想快速强迫他服从。**

那天，Jivan兴奋地不睡午觉，结果在准备吃晚餐前，因为下午在旅馆

游泳而累坏了，我和Ra就想说让孩子小睡半小时，我们也好安静吃顿饭，等到Jivan睡醒，再买东西给他吃就好了。后来，被热醒的Jivan说什么也不拿起汤匙，莫名闹脾气，他像是行为倒退地就等着我们一口一口喂他。

“你一岁多就可以自己吃饭了啊！拿起来吃！”我试着说服他。

“不要！”

僵持到快九点，Ra妥协了，他开始喂儿子。Jivan变本加厉，爸爸把食物送到嘴边，他就是不张口，不断摇头喊：“我不要吃！”然后不安分地乱踢乱动。我怀念起那个吃饭可以一坐两小时，从前菜等到甜点的小婴孩，他的餐桌规矩是我花了好多心力建立起来的，如今眼前只剩不堪入目的残局。

我旁观着俩父子，终于，坚持不吃饭的Jivan也把爸爸的理智线给烧了，硬塞进嘴里的食物全跟着哭泣时的咳嗽吐了出来。一吐，Jivan就更加爆哭，一爆哭，Ra就更怒，于是，悲剧就发生了：Ra在孩子面前把食物丢进垃圾桶，放下狠话：“不吃就不要吃了！”

Jivan见状惊吓，哭得更惨烈，改口央求爸爸，他哭着说：“我要吃！我要吃啦！爸爸我要吃！”他的脾气闹得是两败俱伤，这应该是我教养史上全军覆没最惨的一役，大势已去，怒发冲冠的将军何以卷土重来。

我什么也不愿意说，在气头上说什么都多余，任凭Ra气冲冲地离开现场去开冰箱，我自己则跑去洗澡。留在原处的Jivan知道不用吃了，也没有爸妈苦苦相逼，演了一小段“自责”之后，便默默地溜到一旁玩起车子来，不久后，还不识相地不断跑到Ra身边要聊天，展示玩具车的避震器。

教养孩子就像在打怪闯关，一关过了就再晋升一级。

啊！我的俄罗斯方块啊！对，每天发生的事就像是奇形怪状的方块，不断地掉落下来要你上紧发条、随机应变，否则就会一团大爆炸，压得喘不过气，然后画面一片黑，当机。而身为妈妈呀，本来就会疲于应付所有零散歪斜的招，邮差突然来挂号要拎着孩子冲下四楼，一天喷屎三次换了三条裤子，或是又打翻水弄坏遥控器……计划赶不上接踵而来的变化，如同掉下来的俄罗斯方块杀你个措手不及！身为充满使命感的挑战者，还是要努力让每件事都大小刚好地填满一排，然后自动消去，待办事项栏内留下干净的一片天。

所以，与其坐以待毙，痴痴等最需要的那个形状出现，好契合得天衣无缝，不如调整自己，邀请孩子一起闯关吧！ 我一边洗澡，一边告诉自己尽快回复平心静气，好修复自我思考的能力。情绪已经架空了我的理智，我们都在气头上，事情怎么有办法好好解决！

当我试着接纳事件及放下其随之挑起的情绪后，我的心仿佛就打开了，攻读教育专业的所学便清晰了起来：**著名发展心理学家皮亚杰（Piaget）提出的“认知发展理论”，指出二至七岁的孩子是属于“前运思期”（Preoperational），这个时候最大的特征就是“以自我为中心”，孩子不但难以采取他人的角度去看待事情**（不知道我逼你吃东西是让你不用忍受饥饿），**也难见事物之全面性**（前因后果的连接性不足）。

啊！就是这样啊！惭愧感油然而生，身为大人，我和Ra都做了最坏的示范，没有理解孩子发展上的局限，忘记他还是个需要耐心引导的两岁孩子，还让情绪任性地宣泄，冲动地说出不该说的话。只要一场暴怒，无论再长时的陪伴、再丰厚的物质，之前的快乐，甚至是亲子关系，都有可能功亏一篑。

“情绪力”是可以教的。

“中央大学”认知神经科学研究所教授洪兰女士曾撰文：

情绪的控制要从小教，大脑掌管理智的前额叶皮质和掌管情绪的边缘系统成熟的时间上并不相同，神经回路的大小也不对等。

底特律儿童医院的柴加尼（Harry Chugani）医生从罗马尼亚孤儿院孩子的大脑造影图像中，看到情绪的窗口关得很早，五岁前需要教会孩子情绪控制。父母可以透过不断的训练，将孩子理智控制情绪的回路变大条，

使他将来不会因一时冲动而遗憾一生。①

也就是说，在Jivan脱离“以自我为中心”的前运思期以前，就是教导孩子控制情绪最关键的时候，而父母亲用何种情绪面对所遇到的问题，孩子全都看在眼里。未受过训练的情绪控制，常常会在该理智的时候意气用事，好比火山，若是爆发，那爆发后的收拾与平复是耗时耗力的，但是，**若能有效控制脑内的那座火山，赶在其喷发前就引流或冷却，或是加速喷发后回复平静的时间，那便是理智战胜情绪的训练。**

我们要做的，除了自己的身教，就是从小让孩子认识、接纳、控制，进而转化情绪，学着用大脑的理智来主导情绪。倘若在这期间，教养者也随着任性小孩的无厘头情绪作乱，脱口而出一时冲动的话，甚至动了手，伤了亲子之间沟通的管道，那么，孩子便永远畅通不了“情绪⟷（上下箭头排在同一列上）理智”的回路，总让理智失控得快，而情绪疏解得慢，一时冲动造成可能遗憾终生的后果。

幸好，向来性子比较急、承认脾气不算好的我，已经摸索出不让自己的“情绪”堵塞“理智”的那条通路，深呼吸、只听不回应、离开现场，去慢跑，时间短的话看个电视或看书等，都是我疏解情绪的方式，我知道我需要时间理出头绪，我必须要找到适切的语词，来表达自己与对方不同的意见，且能够被对方接受或听进去，达到有效的沟通。就像我和Ra起冲突的时候，他过去的习惯是逼着我坐下马上解决，他不喜欢拖延，可是当下的他说话已经咄咄逼人，我如何听得进一个字！况且我也不能保证我说出口的话不伤到人，所以，我会让他明白："不好意思，我现在没办法跟你说话，我需要时间，请你先让我一个人冷静一下。"

起初，他总是觉得我爱逃避，经过我几次这样的处理方式，他终于能理解我为何"气头上，不沟通"的用意，事后我们再找机会心平气和地好好谈，不用再在剑拔弩张的气氛让情况更难以收拾。这样的处理，让牛脾气的我和强硬的他，能够理智沟通，选用适当的用词，在双方达成共识下将问题解决。

我用洗澡的时间冷静，Ra的情绪也在一瓶啤酒的时间中沉淀，当我走出浴室时，我都还没开口，Ra就无奈地先说："到底怎么了？他现在吃饭怎么会变成这个样子？"从Jivan开始副食品，我们就已训练他在用餐时间一定是和大人在餐桌前坐好，即便他吃完了也能等大家都吃饱才离桌，他很清楚我们的规矩才是。

"我想，他是'造反有理'吧！通过'反抗'来宣示他长大了，他也想要自主权了！外面这么多新奇有趣的事情可以挖掘，无论是他的肢体还是认知发展，都支持着他好奇宝宝的个性啊，**如果我们无法了解到底是什么东西缠绕他的心，只是一个劲地用蛮力强迫他'给我坐好吃'，那，语言表达、词汇能力还不足的他肯定会暴走的！"**

"想想他想解释却讲不出来有多痛苦，也难怪他会哭闹，不断拒绝我们。"我接着说。在异国生活过的我们，最清楚这种感受了，怎么就无法同理呢？"况且，怎么我们自己先失去理智了啊！"父母亲如此强烈的情绪反应，难怪孩子也用高强度的反应回应了。

Ra叹了口气，点头同意，情绪逐渐平稳下来，苦笑说：“他的确有很强烈的自我意识，知道他要什么。而且我们这阵子陪他的时间也比较少，对他最近的喜好可能也要再更新了解。”

“对啊，孩子和我们很像，希望是在被理解的前提下开放对话，然后最不喜欢别人用‘压迫’或‘恐吓’的方式逼我们去顺着他们。”

“我哪有恐吓他！”Ra惊讶反驳，头顶一堆问号。

“有啊！你带着发怒的情绪和强硬的口气吼叫，好像你就是主宰者般对他说：‘你不吃那就不要吃！’就是一种恐吓呀，而且更夸张的是，是在孩子面前把食物丢到垃圾桶的举动，这样只会让他觉得下次他可以持续用闹的方式，达到他‘不用吃完’的目的，反正生气的爸爸会把食物丢掉。”

Ra惭愧地说：“我刚刚真的一时……唉，我答应这是第一次也是最后一次……”

“嗯，当父母真的没有‘速成’，也许我们是求好心切，但却没有倾听到孩子的内心，满足孩子需要爱的心灵。”我的话一说完，Jivan已经跑到我跟前，邀请我和他玩车子。我们趁机，为自己高涨的情绪和做了最坏的身教跟他道歉，也解释了刚才发生的事件的前因后果。

先同理，后讲理。

夹杂着懊悔、省思，我向内挖掘过往的亲子关系。**我们常不自觉“复制”了自己成长过程中被“强势”的对待，而采用了最“方便”和“习惯”**

的上对下模式，过度使用权威，然而，却忽视了Jivan是多么努力地想表达自我意识，捍卫自我主张，这不正是孩子走向独立的曙光吗！怎么会让破了一地的情绪碎片割伤自己，也伤了需要我拥抱的孩子呢？

从孩子成为母亲后，角色的不同，也让我回忆孩提时的自己，内心是如何渴望父母亲用怎么样的态度回应倔强的我。作为教养者，**该做的是想办法把孩子的"拗"导向"恒毅力"，让儿子的"优点"变成未来人生的"优势"，这才是我该努力的方向！所以，在发生的事件上，别老是想着要把孩子"管教"成我想要的样子，而是宜先拉近彼此的距离，同理孩子的情绪，守护在他的身旁，满足他对爱的希冀，直到他自己能够为他的情绪设立停止点，才有机会进行对话，培养孩子自行练习情绪的管理，也才不至于挑起双方的对立。**父母亲要"贯彻执行"好好吃饭，不应该只是有条件与后果承担"吃或不吃""做或不做"的选择题，而是需要引导者层层厘清的"申论题"。

有了这次经验，我再也不破例"孩子和父母同桌用餐"的原则，强调一起吃饭的重要性，稳定亲子关系，同时父母也能够注意孩子饮食的均衡，并将"好好吃饭"深植进孩子面对日常生活的良好态度和习惯。更何况，餐桌上大家和乐融融进食聊天的气氛，不是很能增进一家的和谐吗！倘若孩子饭前有任何不愿放下的事物，一喊停时他的理智就被负面情绪掩盖，那就在吃饭前，做足像是"还有十分钟开饭哦"的提醒，或陪孩子一起酝酿好心情，情绪稳定地互动一小段时间，再邀请孩子一同上桌来吃饭吧！

哈佛大学发展中儿童研究中心指出："发球与回击"的互动，是孩子珍贵的成长信息，与孩子情感、心理和认知能力的发展有着密切的关系，并且对孩子长远管理压力的调节能力有着正面的影响。孩子情绪掌握度不佳，是学习的必经过程；但是大人的情绪控管不佳，便是自身情绪和理智之间那条回路的缺陷。

将亲子互动比喻成"发球与回击"的互动来看，我们应该是先调适自己感到"被孩子拒绝"的那次投掷的心情，再回发一颗"宝贝是因为太热又刚睡醒，所以还没胃口"，或是"是因为你看到什么好玩的，所以希望妈妈再给你两分钟吗"的球，让孩子透过引导做出相应回击。变化球、曲球、直球，你的每一次不一样的投掷，孩子也再练习如何稳稳地接住，抓住你话语中的重点，也试着抛出他手中的那颗球，逐步懂得力道的掌握，而不是只会丢出"暴走情绪"的杀球。

透过不断地"发球"与"回击"，制造场场充满亮点与高潮的亲子球赛，让一来一往的互动，达到强化孩

子“安全依附”的效果，也成为理解彼此的“轨迹”，陪伴孩子一步步聆听自我内在的声音，让大脑中掌管“情绪”的边缘系统逐渐成熟、稳定。做父母从来都不容易，那，就想想如何成为孩子人生中的好伙伴吧！换个方式思考：“**关卡正好就是寻求突破的时机。**”教养的路上我们磕磕绊绊，不免要忍受伤口上药的疼痛，但若有一股安心感陪伴着，也就可以少点对立，多点爱。

---

① Terrible Two：可怕的两岁，意思是幼儿到两岁左右会有一个反抗期，对父母的一切要求都说“不”，经常任性、哭闹、 难以调教，英语中用这个词来形容这个阶段。

② 全文见：https://gfamily.cwgv.com.tw/content/index/2665(2016.2)

不被原谅时要问心无愧，原谅他人时要放下愤怒

和刚满两岁的Jivan辗转三种交通工具，经过大约两小时的时间，我们总算和难得一见的朋友见了面。这孩子没有任何疲态和怨言，充分让我感觉到孩子只要是和妈妈在一起，真的什么都好。

用餐后，Jivan在餐厅附近的沙池玩，把铲起沙的手举高，让沙从半空中慢慢、细细地流下，观察白沙被撒落的样子。因为当时的沙池只有两个孩子，两人间的距离足够大，可以大动作玩要；虽然Jivan在我提醒过后，已经是只从一个手臂的高度轻轻地抛出铲子中的沙，但那个热情想一起玩的男孩，还是出其不意地爬了过来。

我的视线始终都是盯着孩子的，可就是那么不凑巧，上一秒才对Jivan说完“小心，要注意旁边的人”，下一秒那位小Jivan一个月的男孩就贴了过来，用脸部“迎接”Jivan抛起的沙……我马上制止住Jivan，也当下机警的应变，赶紧先抓住那位男孩的手，即便只是一点细沙，但仍担心他如果揉眼睛就有可能意外刮伤了眼球。

估计是我制止的音量很大，才让那男孩的妈妈放下手机，她紧张万分

地冲进沙坑，直接抱走孩子，三步并做两步，心急如焚地拍掉男孩脸上的沙，一面大叫在餐厅里纳凉的先生；我连忙也把Jivan请出沙坑，牵他跟了上去，要Jivan看看自己的举动已经伤害到另一个孩子，也激怒了家长。在没有我言语强迫、情绪威胁要他道歉与认错的情况下，Jivan似乎能稍微看懂状况，他嘴巴含卤蛋般说了声“Sorry”……只是没有人回应他，而那男孩也搞不清楚状况。

男孩的父母焦急万分，男孩倒是一点声音都没吭。他被相互责怪、焦躁吼叫的父母抱到厕所清洗时，我这才隐约听到他哭了一下。而这一切的过程，已经让被我终止游戏的Jivan看在眼里，我陪着他，请他无论如何，站在一旁等待至一切都没事了，再好好当面和那男孩道歉。

我告诉Jivan："他的妈妈和爸爸一定很担心，因为你的不小心，弄痛了弟弟的眼睛，如果现在是你被人家弄到了眼睛，妈妈也会非常紧张的。”听我说完话的Jivan默默说了声“知道”，明白事态后的他，没有执意要回去玩沙，而是一言不发地看着远处的那一家人手忙脚乱。

“希望都能清干净。”我说，Jivan也“嗯”了一声。当时我也颇自责，真的没想到自己已经这么谨慎了，Jivan玩起来也算是温柔的了，那男孩还是在没大人注意的情况下冲了过来，对我的两岁孩子来说，又何尝不是欲加之祸呢？然而，再无奈，Jivan还是要学着承担、亲自道歉、正视错误。

我们站在不远处，等待他们一家回到座位时，我听见那位母亲尖锐的声音说："不吃了！不玩了！打包回家！"然后男孩的爸爸跑去结账，还一边吆喝店员动作快点。我感到有些压力，要硬着头皮面对这样的人吗？会不会道了歉还被打脸？一阵内心戏搞得我心跳加速，掺杂着愧疚。

"唉！Jivan是真的有不对的地方，这时候我不能当缩头乌龟跟他说没关系！这才能达到教育的真谛。"我依旧忐忑地牵着小Jivan继续等着，盼望等一下情势可以不那么戏剧化，大家冷静地解决这件事。

可能餐厅遇到这种状况多了，都备有食盐水清洗眼睛。男孩被抱出来时，不知是泪还是水，他们正快速地收拾东西。我抓准时机，赶紧要Jivan勇敢地走过去道歉，我知道这时几乎已不用我向孩子多做解释，我甚至没有责备也不需要用言语刺激，而是与Jivan在同一阵线，陪着他目睹这些过程，如此，就能够唤起他的同理心，让他知道自己的错了。

Jivan的第一声"对不起"说得很小声，我把他再推上前，请他大声点再说一次。他有点却步，回头向我求救，我明白他心里会害怕，也会像我一样有各种不安的情绪，再加上看到那对父母的反应，于是，我抱起Jivan，算是母子俩人彼此壮胆吧，让Jivan与被抱在妈妈手上的男孩同高，由我陪着更正式地看着对方眼睛道歉。第二声"对不起"说完，场面有点尴尬……因为，我们就卡在他们一家之间，说些什么吧！

“真的很不好意思，清洗干净了吗？眼睛还好吗？”我看着男孩妈妈，试图进一步关切。

“餐厅给了我食盐水，洗好了。”但人家连一眼都懒得正视我。

然后，Jivan看见那男孩的眼眶湿润，他伸手想要去碰碰人家，像他要帮别人擦干眼泪那样，但被男孩的妈妈一把拍掉。她向我说声“借过”后，快速收拾东西，扯过店员手上打包好的食物，一家人上了一辆新型进口房车，我和Jivan“目送”他们扬长而去，又再度和店员对看了一下。

“宝贝……那个……记得，沙子用挖的就好。你看，他们不一起玩了。”感觉我正在试图安抚Jivan和自己才开口的吧！我心想我应该有释出最大的歉意吧？我应该有引导Jivan对自己的行为反省与负责吧？我当下的处理应该算妥当的吧？

离开餐厅，辗转回家的路上，事情总像是没了结一样，闷在心头，让我轻松不起来。原来，是看男孩一家气愤离开时，自己反而承接了各种坏情绪和揣测。

教孩子反求诸己地检视自我行为、真诚道歉，是教养者责无旁贷的责任，社会要和谐运转，人人就要懂得自己的行为是以不危害到他人为原则。这次面对孩子在沙坑意外的小插曲，即便当下人家不在意，我依旧会停止Jivan的游戏，请Jivan亲自上前道歉，毕竟他真的造成其他孩子的不适与父母的担忧，无法装作没发生。然而，今日Jivan那些不被收下的声声“对不起”，被大人世界辜负的真诚、被挥手而产生的另一层伤害，我才惊觉，勇于“道歉”是教孩子拥有反省能力与担当，而孩子能够选择“原谅”才更是修养，因为能“容一番横逆，便是增一番气度”。

我们必须向孩子强调，只要伤害到他人或侵犯其感受，能够放下自尊和羞耻心去道歉，是多么勇敢的一件事！或许很多时候，我们以为自己鼓足勇气认错、承担责难，已经是很勇敢的事了，然而，那个好不容易站出来道歉的时刻，有时仍很难让我们被原谅，被原谅可能也只是让自己好过一点，那都不是我们能掌握的；我们无比歉疚、自责不已，渴望听到一声“没事了”，而且是真的真的没关系。那都只是我们希望在道歉后，得到的心理补偿。

“道歉”与“原谅”牵涉的是孩子的品格教育，良好的品格打造愉悦的人际关系，能够打从心底道歉与原谅，正代表该事件所造成心理上的委屈、难过、惧怕、愤怒等种种情绪，已能在道歉或原谅之时，被有效地管理或放下。

Jivan能够道歉，除了家庭教育的重视，父母自身的身教也是必要的。不只对待他人，对孩子也要能够勇于道歉，同理心的换位到孩子的立场思考，体察孩子的需求，都是日常可做到的良好示范。有错就道歉，不因为长幼、年纪而有不同标准。

然而，在这次的事件中，主要谈的是“**原谅**”；要培养孩子与“原谅”相关的“情绪素养”，就要分成两种情境：

（一）孩子道歉但不被接受：学着释怀“道歉了，却不一定会被原谅”。

（二）他人对自己的孩子道歉了：孩子能够真心原谅，放下愤怒。

在这次事件里，我不舍的是，Jivan也同样是两岁的孩子，我引导出Jivan对那位男孩的愧疚感，带着他进入人情冷暖的战场，与我在一旁耐心等待，没料到来回几次的道歉和关切，到头来依旧呈现一个任人侮辱、冷眼看待，不当一回事地被弃置原地的场面，其实，心境上的落差是很需要调适的，因为我们都“以为”自己可以得到宽恕。

处在第一种情境中，我不能在目送那一家人离开后，在Jivan面前责怪或批评对方。孩子不懂事，往往来自于大人没教养，但在当下的节骨眼，我要做的是让Jivan了解到：**即便我们释出了最大的诚意，有颗愿意为过错弥补的心，人家仍然没有义务一定要原谅我们，这不代表我们要为此无比自责，而是需要体悟到“每个人都可以有自己的选择”，此体认便是自我负面情绪消化的认知过程，更深一点的说法，叫“Metathinking”（后设认知/元认知）；亦即再去检视自己的思考方式，像是，我努力试了仍遭到拒绝了，但有必要为此如此难过吗？我这么想要跟他说对不起，但是，他们不理睬我的道歉，也不代表我十恶不赦吧！这样扪心自问的后设思考，无论结果如何，孩子才不至于困在歉疚之中，而懂得自我宽恕、问心无愧。**

所以，错愕地停留在餐厅看着那辆房车急驶离开，我应该在说出“宝贝……那个……记得，沙子用挖的就好”的检讨句之后，先肯定孩子的勇气与成熟，接着引导他站在更高一层的大格局中，好好地往内关心自己的感受，进行自我情绪的修复，不因他人抛下的一团乌烟瘴气而忧郁了自身。

第二个情境，说明为什么“原谅”他者，对一个人情绪的发展如此重要。马丁·路德·金：**“我们必须发展与维持原谅的能力，没有能力原谅的人，**

也没有能力爱人。”

男孩的父母亲在不明前因后果的情况下，先是忽略了自己的两岁孩子在陌生环境，还需要时刻的关照和提醒，一位盯着屏幕、一位置身事外，无心分享孩子游戏的快乐时光；后来在清理的过程中，未先安抚孩子，而是把自己过度的焦躁传递给孩子，又在孩子面前对另一半及店员颐指气使；接着在Jivan上前道歉之时，当着孩子的面出手“替”他拒绝了Jivan的歉意，让男孩根本没机会学习到如何去“原谅”；最后，被心中充满怒气的父母强行带离。整个过程中，父母，尤其是母亲，都是以自己的情绪带动整件事情的发展。担忧是必然，然而，确定无碍后，教养者已错过许多引导孩子去了解“情绪”的机会，男孩的喜怒哀乐是被忽视的，他没有机会认识并消化自己的感受，他只是从父母的言行反应中感到“可以随意宣泄不满”。

在重新被编纂国语辞典修订本中，对“原谅”一词的解释是：宽恕、谅解，而宽恕的反义词是“怨恨”，谅解的解释是“了解实情后原谅或同意别人意见言行”。教孩子原谅，首先就是引导孩子试着去了解对方，发展出同理心，落实“谅解”的本质；**我们不是要孩子一定要去原谅他人，而是透过了解，接纳，进而处理，排解自我身心因为他人而产生的负面感受，重点在孩子自我的成长。**原谅的另一个内涵，便是宽恕，在李维斯·史密德（Lewis Smedes）《宽恕的艺术》（*The Art Of Forgiving*）一书中：宽恕被推销成有益身心的新万灵药，能治各种病痛的疗愈药膏，包括抑郁、焦虑、宿怨、高血压、心脏病、中风等；能修复破碎的心、断裂的关系，以及毁损的自我意识。

无论是原谅他人，甚至原谅那个“对，我现在就是没办法原谅”的自己，我们的心灵，才能获得最大的自由。能够打从心底“原谅”，就能远离“怨恨”，做到真正“放下自我心中的愤怒”，便能减少抑郁的情绪在体内囤积，降低日后攻击行为的出现。让孩子在身心健康的状态，迎击外在环境的碰撞，快乐、积极地成长吧！

幸福的关键、温柔的竞争力：培养同理心

和朋友聚会结束，分别之时，我和Jivan说："宝贝，要走喽！和阿姨抱抱拜拜吧！"

"拥抱再见"是我们对熟识朋友告别的习惯动作，况且Jivan对视我们如己出的阿姨一点也不陌生，但是那天，Jivan却怎么都不愿意，阿姨已经先说了好几声拜拜，大人们也先做到了拥抱道别，孩子还是连开口说再见或挥手都拒绝。

史无前例，我和Ra感到有点惊讶与不解，这孩子在想什么？

分别后，我问："发生什么事了，你怎么没跟阿姨拜拜？阿姨是你认识的啊，她每次和你见面，都会准备小礼物或小饼干给你。"Jivan嘴闭紧，只字不提原因。

我用有点难过的声音说："阿姨虽然最后还是笑笑离开了，但你没跟她抱抱拜拜，我想，她一定感觉不太好，说不定回家后还会一直想'为什么不跟我说再见呢？如果他跟我抱一下，我一定会很开心'。"

好好道别，Jivan很明白这样的必要性的，因为现在只要我们有人出门太赶，没有认真地和送门的他拥抱，说声“我会很想你哦！我出门会小心”之类温暖的话，以协助他安顿分离时内在的焦虑，他还会追出门大喊：“外公，你没有跟我抱抱拜拜！”一直喊到声泪俱下，人都走远了，他还在失落里继续坚持，连我这做妈的说“那妈妈抱一下好吗”都无效。所以，我这样解释阿姨的感受和希望时，看来是触动了Jivan的心。

看他纠结在自己没拜拜这件事上，我接着问：“那你可以告诉我，怎么刚刚不想和阿姨抱抱拜拜吗？”

Jivan吞吞吐吐地说：“因为她很丑。”

曾几何时，这孩子有了“美丑”的价值观！更费解的是，我自认从未在Jivan面前主观地评断过人，也没说过“丑”这个形容词，这个三岁孩子怎么会以“她很丑”为由，拒绝和他人互动。

停下要回停车场的步伐，我蹲下来问Jivan：“宝贝，很丑是什么样子啊？”

“就是幼儿园有个小朋友，没有人跟他玩，别的小朋友都说他很丑。”Jivan说给我听。

原来是这样！才去了幼儿园短短两周，孩子已经出现如此强烈的社会化行为：用一个人的外表决定自己要不要和他一起玩、做朋友。不过，听Jivan描述“丑”的概念，显然不是美丑的意涵，而是一种让人不想靠近、不愿意同乐的感受。

透过这次Jivan在我面前不和阿姨拜拜一事的好奇问话，连带地发现孩子在幼儿园、妈妈看不到而无法把关时，所受到“污染”的想法。我心想，我必须做些什么，把坏了的“观点”重塑，导正“观念”。

所以我接着问：“那，那个小朋友只有一个人，你觉得他感觉怎么样？”

“他可以跟自己玩。”Jivan说得一派轻松，好像觉得没有什么。

我说：“跟自己玩啊，那有的时候你自己一个人玩，会不会也会想说‘好想爸爸现在跟我一起比赛赛车哦’，可以自己玩得很开心是很好的事，但有时候一起玩更不错，对吗？”

Jivan静静听我说，想了想说：“嗯，还有跟舅舅玩！”

“对啊，你期待舅舅来我们家，每次都一起玩到不想睡觉了！”

让孩子想象自己有过的经验，进而投射到对他人感受的理解，引起共鸣。这是“同理想象”，能引导孩子“看见”他人的内在。

Jivan能分辨一个人玩的感受和与人同乐的差别后，我就拉回主题再问：“那幼儿园里因为其他小朋友说他丑，不跟他玩的那个小朋友，感觉是不是有点孤单？他也会很想和大家一起玩吧？”

“……嗯。”他很能体会爸妈都忙的时候，没人和他玩的感觉啊！

我摸摸他的头，说：“对啊，宝贝，**一呢，是我们不能用‘外表’评断一个人，因为我们还不了解他，或许他很善良、很愿意和一起玩的人分享玩具。二呢，每个人的感觉是可以不一样的，就像你觉得不好看的东西，**

别人可能觉得好看，你觉得好看的，别人也不一定喜欢；所以，别的小朋友说的话，不代表你也有一样的想法！搞不好你跟他玩过一次之后，就会觉得他很有趣，没试过的事情，我们不随便批评。三呢，**是你知道的，我们要做个温暖的人，像拥抱一样，可以给人温暖的力量。**”说完，我给了他大大的拥抱。

我本来还担心，自己这样说，Jivan会没办法消化，但是，当他马上回“我下次会跟阿姨抱抱拜拜”时，就知道在他小小的心里，已具备“**表征多样性”的后设认知能力，即懂得改变想法，接受自己与他人在同一件事上，有不同的观点和想法；**同时，也觉得大染缸不见得不好，借由这次的机会教育，不但及时矫正同侪影响的偏差观念，也确定Jivan本善的同理心。

《世界标准教养法》一书整合了世界各国特色与优势的教养法，归纳出教养三大条件：自信、思考能力、沟通能力。Jivan在这件事上，不一味地觉得给他礼物的人就一定是对的，**而是诚实地辨别自我感受而做出选择，**这点毋庸置疑，心里非常肯定孩子具备判断力，小小脑袋也善于思考。接着，透过同一件事“拥抱说再见与否”的引导，连接到不同时空的经验和感受，**协助孩子“反思”，不但帮助孩子认识自己，同时也在训练孩子对他人感受有所共鸣，理解外在的世界。**也就是说，请鼓励、肯定孩子思考的行为，才有可能进一步针对事件进行“反思性对话”，孩子的思路是灵活的。

当然，其实我也可以同理Jivan说的，因为觉得不想靠近阿姨（Jivan从幼儿园学到的对“丑”的定义），所以才不愿意跟她拜拜的“自我意识”。的确，阿姨说话的方式有点咄咄逼人的意味，总会不小心用“如果你不听话，我下次就不跟你玩了”等下通牒、有条件的句子，迫使Jivan顺着她的意表现出她期待的可爱行径，听这样的话久了，心难免会出现排斥感，于是，我后来还领着Jivan从正面的角度解读阿姨对他说的话。

说教说理再多，都不如孩子透过“观察父母”，来模仿与重现的学习方式，父母本身若因为不满于孩子的言行，出现威吓或强烈反弹的情绪，如“你怎么可以这样说阿姨”“太没有礼貌了！不可以这样说”，孩子发展反思的能力就会更窒碍难行。

父母的心打开，孩子的“视界”就宽广。

当我们还没真正了解孩子的想法以前，若用大人世界用词的标准，往往会因僵化的定义、窠臼的观点，而造成误解。

保持开放的态度，先放下孩子非得要“照我说的话去做”的期待，更深入孩子的世界，读懂孩子的心，甚至发现问题的核心。孩子从小知道自己有权利表达感受，也就是父母从身教与言教中同理地对待孩子，那么孩子就更能发展且发挥出同理心，引领出直率不造作的纯真温暖：放下期待，成就孩子。

研究显示，同理心发展的关键，就在婴儿与教养者的依附关系中，**我们微不足道的一次谈话，对孩子而言，都可能会深深烙印成孩子的价值观，产生意义非凡的长远影响**。孩子需要与父母有同频率的连接、感受能被注重到，以获得身心上的平衡，并培养思考上的逻辑感，不是“妈妈说得都对，屈就于权威而照做”！

美国前总统奥巴马曾经说过：“‘同理心赤字’是目前最严重的社会问题，唯有设身处地着想，才有看见世界的能力。”而换位思考的“读心”能力，其实也就为自己增添“温柔的竞争力”；获得史丹佛长寿中心设计赛首奖的姚彦慈，正是因为同理患阿尔茨海默病的外婆，连吃饭这么简单的事都变得如此之难，于是到老人中心和疗养院当义工，她说：“我不清楚老人家到底需要什么，所以我只能想象，并用很多观察，还有不停问问题。”最终，她为阿尔茨海默病患者着想的设计，让比赛主办者惊艳，哽咽地说：“这就是我一直在找的东西！”姚彦慈现在在旧金山开了间自己的工作室，人生持续精彩。

有人还分享：“因为自己同理了解雇他的老板，才走出了人生的低潮”；世界最幸福的丹麦人也认为，同理心是幸福的关键，将同理教育融入日常生活中，有助于孩子情绪的发展和自控。而我自己带班的经验，引导同学间同理，就等于降低彼此间的揣想和对立，多了尊重和关怀，团体生活更有凝聚力；学生若能对老师同理，就没有“理所当然”，抱怨少了，感恩多了，那样的力道回弹，每个人的内在就有更多的美好和幸福。

所以，同理心要如何发展呢？孩子辨别情绪和感受是首要。以下分享培养“同理心”的方法：

一、亲子共读

故事提供了情境，而情境中的角色会有情绪。在共读时不只是念故事，试着和孩子互动，将各种情绪的名字，如愤怒、沮丧、快乐、生气、悲伤等教予孩子，连接“情绪的名字”和“身体的感觉”，并讨论发生的事件、角色的感觉，有那样的情绪时他怎么做呢？孩子会渐渐懂得，发生什么样的事件会有什么样的情绪反应，那样的情绪在别人身上时自己怎么看待，若是发生在自己身上时又可以怎么办呢？

易言之，共读讨论可视为是一个对情绪认识、接纳，到处理的过程，因为生活中的经验有限，故事文本提供了孩子“从他者反溯到己身，再从己身对应到身边的他者”的情绪处理经验。

透过故事的情境营造，也让孩子明白，有任何的情绪，都不能定义一个人的好坏，哭不用感到丢脸或隐藏，害怕也不需要伪装，愤怒不一定只能压抑，而是情绪引发的行为，行为造成的后果才会有好坏之分。譬如：有人难过时，若幸灾乐祸可能会变成不受欢迎的人，愤怒时飙车或酗酒就会害人害己。

二、帮助孩子看见他人情绪，“预设”他人的好

有一天，我们到朋友家，让Jivan和朋友的女儿一起玩。玩着玩着，两个孩子为了一台火车起了冲突，朋友女儿不愿分享火车而大哭，不想再跟Jivan玩，很委屈地到朋友身边撒娇。基本上孩子起争执，尽可能让孩子们自己解决，大人少介入当“公道者”，但若是孩子已经向大人求助，我们可以正向描述他人的感受和讨论其原因，把最后问题的解决方式交由孩子。

我把手上拿着火车的Jivan叫来，问：“宝贝，葳葳刚刚跟你跑来跑去，还一起骑车，好好玩好开心的样子，对吗？那她现在哭了，感觉很伤心，是不是发生了什么事呢？”

我先让Jivan回忆起刚刚两人在一起玩的愉快，接着他说：“可是，我很想玩这个火车。”他紧握着手中的火车。

“真的，这台火车好酷，你看到它一定很兴奋。但这是葳葳的，葳葳平常都很乐于和你分享的，你也很期待找葳葳玩，有没有什么办法，让你们再一起开心地玩呢？我相信你好好说，葳葳也能了解你的感觉的。”不指责孩子“抢玩具”，指责若能根治孩子的行为，就不用一而再、再而三地白费唇舌，而是“领着孩子看见他人的好”，从正向的立足点去引导思考，培养孩子圆融处事的哲学观。

后来，Jivan自己把火车拿去还给葳葳，他拍拍葳葳的背安慰她，说：“那你先玩，等一下再借我，好吗？”

从这个例子来说，强迫孩子“分享”，倒不如让孩子建立“所有权”，体验到“分享的喜悦”开始。

三、善待孩子

同理心，不就是能体会他人在所经历的事件中所产生的情绪和想法，进而从他人角度理解或处理问题吗？**我们先用同理心对待孩子，觉察孩子的信息，关心他们的需要，聆听他们的心声，回应他们的感受，就是以身作则，展现同理**。如前面的例子，当孩子说出“我觉得她很丑，不要跟她抱抱”时，别急着说“乱说！怎么可以这样说话”，试着理解到底发生了什么事，孩子的意思可能跟我们所想的有出入。

Jivan曾对我说：“妈妈！你是老人手。”

“老人手？！是嫌我手丑吗！”我当时第一个闪过的念头是这样。

但站在他的观点来询问感受和想法才明白，原来他的意思是：“手皱皱的，让他联想到见过的老人的手，他自己的手也会有老人手的时候，就是泡澡玩水太久；但是妈妈不一样，她的老人手是因为做太多事情，因湿疹龟裂，心疼妈妈的辛苦。”知道是这样的出发点后，就会感到孩子的温暖与体贴，因为他描述的“老人手”并无负面含义，而且还挺生动有创意的！现在，只要我说手好痛，他不但会给我抱抱，还会拿护手霜帮我擦。同理心，是互相的。

又有一次，Jivan玩车子时，看似“故意”撞向四个月的妹妹，妹妹放声大哭，Ra直接凶了，Jivan也跟着哭了起来反驳说：“是妹妹先弄痛我的眼睛！”不管三七二十一的老公觉得说得不可能，是他在装可怜和狡辩，硬是要他道歉，Jivan哭得唏里哗啦地跑掉，当时Ra还觉得这孩子不可理喻！经过我心平气和地听Jivan解释，巨细靡遗地层层厘清，发现是Jivan玩时太接近妹妹，而妹妹正处于无影脚乱踢的阶段，恰巧踢到他的眼睛，他因为痛的反射动作，才会让拿着车子的手撞到妹妹的嘴。

我跟很爱妹妹的他说：“你不小心让妹妹大哭，一定也吓一跳吧！（抱）你眼睛痛，妈妈替你揉揉，因为妹妹还不懂，我帮她安慰哥哥哦！那，妹妹的嘴巴也痛，你可以怎么安抚妹妹呢？”

让孩子感受到爱与理解后，Jivan就主动去轻抚妹妹说：“妹妹，嘴巴还痛痛吗？哥哥不小心的哦，对不起。”

四、让孩子有机会验证自己是能读懂他人情绪的

孩子发现大人心情不好的时候，强颜欢笑可能会让孩子感到错乱，因为自己所觉察到的情绪，和大人表现出来的不一致。有一次，Ra和我起口角，说话的重口气被一旁的Jivan感觉到了，我本来在开心地和他念故事书，他才起身要再去拿别的书与我一起看的。

Jivan停下找书的动作问：“你们为什么要生气啊？”

我对他说：“宝贝，不好意思，妈妈现在的确有一点生气，但不是对你，爸爸对我说的话让我感觉不太好，我们现在需要好好沟通。等一下事情解决了，妈妈不生气了，我们再继续念故事书。”我知道如果我置之不理的问题和被挑起的坏情绪，自己一定无法平心静气地和孩子念故事书。

日常琐碎所引发的负面情绪，很难刻意在孩子面前避掉，但这也无妨，生活就是如此，会有各种事件引发各种情绪出现，重点是我们如何接纳并处理。

Jivan因为感觉到的大人之间的“火药味”，想知道生气的情绪从何而来，我也回头“证实”了他的“解读”，说话安顿他的心，让他知道父母亲正在设法处理，这样的情绪会过去的。后来，我带Jivan出门买东西，想说买杯咖啡让老公别那么心烦，也一面向孩子解释事情的前因后果，Jivan回家后向因为担心工作而心烦气躁、要求我多分担却静不下心来的老公说：“爸爸，我们买了咖啡给你哦，你不要担心，不要和妈妈生气，要好好说，一起想办法，好吗？”Ra瞬间反省了，谢谢儿子，也向我道歉。

我们表现出我们的情绪，孩子就会知道父母亲在乎的是什么，那样的情绪怎么正当表达，而后学着设身处地着想。

又或者，孩子看见父母流泪，凑上前来拥抱或拍背时，也千万别在孩子面前隐藏情感，强说“妈妈没事”。没事怎么会流眼泪呢？孩子已经觉察了“难过”的情绪，并做出自己想到的办法来回应，我们说没事，会让孩子产生矛盾，造成理解上的紊乱感。其实，不要害怕孩子知道，只需要说：“宝贝，奶奶生病了，我好难过，谢谢你安慰我。”让孩子有机会“核对”自己观察与感受到的他人的情绪，并感谢、肯定孩子的同理回应，哪怕是一个小动作，都能提高孩子的同理心。

五、引导孩子多元观点

一件事情的解读，可以有许多面向，常常不是我们看到的表面那样。譬如说，孩子们一起玩，突然间A推了B，教养者直接告诉孩子：“A推人是不对的，没家教的人我们不要跟他玩。”但是，有没有可能是B先动手，A屡次表示不喜欢却无效，才会出现推人自保的举动呢？

孩子喜欢观察，对外界充满好奇，看到夜市里乞讨的人会问："为什么他蹲在地上呢？为什么他不穿鞋子呢？"大人拉着孩子，头也不回往前走，一边说："很脏，不要看！"恻隐之心，仁之端也，大人对着天真的孩子那样解读他者，不就泯灭了人性的良善，变相地批评他人了吗？孩子也许还不明白那个人发生了什么事，他的发问单纯来自于他的好奇，但无论他者呈现的是什么的样态，那都不代表我们可以漠视或践踏他人的尊严。社会的确有潜在的危险，大人紧紧牵着孩子的手快步向前走固然是为了安全，然而，大人可以在远离的同时，保持多元开放的立场："对啊，发生了什么事，他为什么这么冷的天没有穿鞋子呢？会不会是他有什么困难？他可能以前不是这样子的……"如此之类的对话，引导思考多种可能性，孩子就不会妄对他人下定论，以为自己所见所想是绝对正确的了。

再举一个现在很常见的情境：一对母女坐公交车，女孩看见窗外等红灯的机车骑士正在趁机玩手机。母亲想趁机会教育孩子："宝贝，你看！骑车玩手机是不对的，不可以这样，很危险。"这样说没错，也是在教育孩子，但问题在于，我们不明白他之所以要在等红灯的时候玩手机的原因，成年人理当清楚等红灯使用手机之违法性，一味的用"非对即错"的标准，就容易忽略了他人的声音，难以做到"体谅"。

多元观点可以先肯定孩子发现这点，再导入正确观念询问孩子的看法，最后问到自身，如此，既传递了正确的观念，亦能发展心智直观的同理能力："对呀！你发现了，其他人都没有等红灯玩手机，只有他，他怎么会忘记骑车等红灯不能看手机呢？”

孩子可能会回答：“应该他想玩手机吧！”

“可是，这样眼睛会注意不到路上的状况，很危险的。”

“嗯！骑车不可以看手机。”

“对啊，但妈妈猜，他一定知道骑车要专心，可能只有这一次，他想快快查一下地图，或者临时有重要的事才这样。”

孩子改口：“那他应该是在查地图。”

“嗯，妈妈也不知道，但我们要记得，自己一定要遵守交通安全的规定哦！保护自己也保护别人，如果骑车要用手机，还是先找地方停下来再用才安全。”

把重点拉回自己，无论他人对或错，都要让孩子知道：不明白事情真相时，不妄下定论，在清楚他人的动机以前，不武断批评，更不宜因为一个事件而全盘否定一个人。留给他人一点温柔，即是古人所谓的“处世宜带春气，律己宜带秋气”。

情绪是一种内在历程反应，由脑中的杏仁核调节，控制知觉与外在的脸部、肢体反应，教养者若能时常与孩子进行灵活大脑思路的“反思性对话”，协助孩子认识自我，再到体察他人的外显表情与言行，进行感同身受的理解，除了有助于孩子未来“抽象思考”的能力，更能协助孩子加深与这个世界的连接，以及提高对人生的“幸福度”。

同理心有多重要，自体心理学家柯胡（Self Psychology，Heinz Kohut）如此比喻："一个人如果活在一个没有同理心的环境，就好像活在一个没有氧气的地方。"**大人视孩子为"完人"**（完整个体），**真诚聆听他们的声音和想法，从共同的生活经验出发来引导，有双用美好的角度诠释观点的眼，如此，便能唤醒孩子一颗温暖的心**。用每个人小小的力量，感性中带理性，创造丰富的人生，营造温情的人际网络。

第三章

说话小贴士

让亲子关系更亲近、更紧密

转期待为信念：
“你怎么没有”→“我相信你可以”

周一的课特别多，加上导师琐碎的事务，晚间回到家后总有缺氧、失去重力的感觉，实在是懒得好好说话，耐心也在白天被磨光。也不是忘了家中还有个两岁儿需要教育，但我有限的“心理能量”已经耗损殆尽，所以总在不自觉中暴露了自己最不温柔、最不愿呈现的一面，Jivan反倒成了我面对的孩子们中，最不被公正对待的那位。

即便已经尽量提醒自己，也练习不把白天的负面情绪带回家，但有时总不免气一生就懊悔，话一出才警觉，永远没有“最有效率”这件事，连晚安前收玩具都变成半吼半压。

“宝贝，把玩具收回箱子里哦！”

“好！”

我最喜欢他简洁有力的应诺，他懂得睡前完成分内该做好的工作。但这一天，收好了整箱的玩具上床，才发现角落还有散了一地的以色列建构积木，它必须一个一个重叠拼插，一点乱摆的空间都没有，才能整排收进筒状的盒子内盖上。我请Jivan再度下床去收，二话不说“嗯”就溜下床的他，却不照本有的方式收拾，“不是之前示范过好多次也一起做了吗！”这句话瞬间占据我的脑海。

"宝贝，你这样放不进去全部的积木。"我着急地说，料想要事与愿违了。

"可以。"他边回我，边开始随兴投进筒内。

十秒后，"宝贝，你这样等一下盖子会关不起来。"我悠悠、冷冷地说。唉，又要耽误睡觉时间了。

"可以！"他继续专注于他坚持的动作。

我决定不说话了，没有效率这件事，要经历过，才会"不经一事，不长一智"。我东床坦腹，按捺住了种种冲动与纠结，"袖手旁观"；想想，如果他乖乖地照本宣科，如果他真的成为了我心目中理想的样貌，我难道会开心吗？我难道是用"孩子能否切合我的期待"当标准，来衡量这位从我肚子里产出的生命的价值吗？

我最不想要像捏面人般，"捏造"出一位无法独立思考的孩子。

念头一转，自己也就平心静气了。我默默不语，看着Jivan一手抓着高筒，一手不停地投入积木，投完后再眼观四方，认真也确实地在收拾自己的东西，**假若这是他想要证明自己"我可以"的时刻，我应该是要肯定他这个"念头"，"相信"他愿意尝试也学到些什么的"过程"，而非只重视最终的结果，强行灌入我活了30多年才练就的"利落"**。

Jivan反复装满，又再次倒出，因为发现无法全部收好而重新做了三次，无视于我的存在和我一开始说"这样没办法收好"的话，直到他摸索出——重叠拼插是最有效的方法，也抓到拼插的诀窍。15分钟后，地板干干净净，我们开心地躺在床上聊天道晚安。

看着角落那一个圆柱筒，这孩子又给我上了一课：**相信孩子可以的信念，才是支持孩子不断往前的力量，它的影响力，远远超过孩子单打独斗，活在“大人的期待”里跌跌撞撞。每个不同的个体，在成长的过程中有一件事是相同的，就是渴望获得教养者的认同，那是一种确认自己被爱着的安心感，即便形单影只也是内在富有的。况且，没有人会想要“证明”自己是无能的弱者。**

我想起班上一位学习动机低落，成绩总是吊车尾的男孩，虽然他总是惹来一堆麻烦，但日久地相处下来，我知道他本性并不坏。有一次，我给了他多于其他同学半天的时间背一首已经教完的律诗，他是随身把律诗那张纸条带上，但好好念进去与否，看他一天下来两句都念不完整就知道成效不佳。我趁着下课，督促他时间不多了，他说：“老师，我真的没办法。”我没有责备他不认真，更没有像他母亲那样，看着成绩就说他很笨、要用处罚的方法才学得会，而是说：“**你可以，我都没有放弃你，也请你不要放弃你自己。**”后来，我陪着他放学留下，他分成两段，在20分钟内四句四句地把诗背完。

住校的他告诉我，一直以来，他的母亲都是只看成绩单就说他不够努力，解释也只是得到“找借口”的责罚，没有人这样等待过、相信过他，让他知道，原来他不是一个人，他也可以努力坚持一下。**言语是一把双刃剑**，出发点如果都是盼望孩子好，那何不试着不用大人的期待去评断孩子“怎么没有好成绩、你就是不够用功”，而是**把正面的信念传递给孩子**

“我相信你有这个能力，一定会一次比一次好”，让孩子内心充满关爱的力量，内建向上的动机，相信自己可以而不轻易举旗投降。

接受孩子本有的样子，而不是让他“变成”你期待的样子，引导并诱发孩子内心想要突破的欲望，让进步的泉源来自于自身。

“期待”，是我们在不自觉中把想要的模样加诸于下一代，它不但会让我们盲目地只看到最终结果，还会变相让孩子以“能否达到期待”来决定自己要不要做，在还没开始全力以赴的时候就先否定自己。更何况，“用说的”，本来就很难打造出一个符合期待的孩子，训诫也只会让孩子努力的过程被抹杀。当孩子认识的自己是“我无法做到你的期待，我什么都做不好……”他又怎么有能量相信自己是有潜力的，进而去开创想要的人生？

当然，“期待”是人人都会有的，想进步，它有存在的必要性，明确地给孩子一个努力的目标，也是做父母的适时要求孩子提升自我能力的推力。但在设下“期待”以前，先想想是否可行，会不会还没衡量孩子的能力就好高骛远？我们又是如何向孩子表述我们的期待的，是命令，是鼓励，还是强迫孩子改变自己真实的样貌？如果孩子不照我们的期待前进，我们是否还是能无条件地接纳孩子，接受期待落空的失落感，而不把那样的情绪用在勒索孩子身上？

Jivan拥有相信自己可以独自收好以色列积木的信念，而当晚的我不但没有支持他，还表现出“你怎么没有照我的方法去做，等一下就会失败”

的态度，后来想想，其实，我的任务很简单，只要阐述孩子能力所及且应该完成的事项，专注在孩子把积木收好的“目标期待”，然后用相信孩子可以，来帮助他建立“我能感”就可以了！

我们的信念，是用来增强孩子对自我的肯定，要让孩子化此信念为力量，去认可自己。然而，如此相信孩子，也必须从日常生活中累积自己对孩子的了解，随时注意他的言行有无偏差的疑虑；另外，孩子两三岁时，什么都想要自己试试看，放手吧！我们少插手说“你还不会，妈妈做就好”“等一下打翻了，来，妈妈拿”，只需要带着孩子一起做，或是提醒孩子要注意什么、提供孩子可接受的理由即可，平时也可以借由让孩子担任小帮手，像是丢垃圾、洗米、拿钥匙等简单的小任务，无论真的帮到忙还是帮倒忙，都由衷感谢孩子的认真，也是增加孩子“我可以”信念的方法。

调整你的心态和说话方式吧！当你对孩子拥有正向的“信念”时，你就不会感到力不从心，孩子也不会成为畏首畏尾的鸵鸟；当孩子有无比坚定的信心去“认可自己的能力”时，他就不会只是一个用投资报酬率去计算是否要努力的人。

面对一地的建构积木，还有爱困又断线的妈妈言语“泼冷水”，两岁的Jivan内心仍拥有相信自己能做好的力量，无须与任何人比较，那样的坚决与自信绝非一日养成，而是过去两年，在与我每时每刻的互动中建立起的。看他连续两次，沉稳地回我“可以”！反复三次才收拾完成的持续力，使我着实明白了“信念”的重要，我一方面庆幸那晚我沉住气、闭上嘴、收了手，一方面又要反省，自己不小心用了大人的标准和我的期望来要求孩子。

期待，终究只是个目标，但在追寻和不放弃努力的路上，或许因为你相信他的“可以”，而使他长出“我可以”“我能”！那么，他的视界，就早已经远远超过于那目标之外了。

孩子的自我价值流失在你一句句的“不可以”

弟弟家的猫生病了，突发性的恶性肿瘤，发现不久后就病入膏肓，等待生命结束的那一天而已。告诉Jivan后，他似懂非懂，觉得时常陪他玩的小玩伴，怎么都不怎么回应他了，丢球也不去抓了。猫咪最后那几天，都是静静地蜷缩在一角，或是趴在他们过去游戏区的正中央，看着Jivan玩耍，让Jivan围着他转，好像在听孩子的笑声以减轻它的疼痛。

因为家里有猫有狗，Jivan从小对待小动物，就因良性的互动而养成颇好的习惯，能区别对待自家与陌生宠物的差别。他有种天真可爱又悲天悯人的柔软，从没出现过暴走追赶或拉扯的行为，看见家里狗儿没水喝了，还会想办法倒自己的水喂它，结果搞得一身湿；或是一人一狗窝在箱子里，或是一颗一颗喂食猫咪饲料。我想，这跟相处上营造出来的和谐氛围有关，彼此是相互成长与陪伴的伙伴，而非“不要、不可以、不行”那种动物与婴孩事事拉警报、充满界线与对立、过度保护的关系。

直到那一天在弟弟家，他们出于不舍猫咪吧，只要一看见Jivan靠近猫咪，就急着大喊：“不可以欺负它！”“球不要丢猫咪哦！”这个不要、那个不可以，马上就树立起敌意般，好像觉得Jivan“一定”会做出什么不当的举动而先开口警告。

这些出于好意的“提醒”，倒有点像“未遂”前先来个下马威，容易制造对立，让双方相处的情况更加紧绷。同时，也变相提供了Jivan“啊！我还可以这样，那我来试试看”的尝鲜玩法，也许在此之前，孩子压根没想到要做出这些举动，却因为大人“先入为主”的警告，成为诱发孩子去故意试探、寻求注意力或刺激的来源。再者，听在了解孩子的教养者耳里，是对孩子的不信任，而这两年多来，Jivan是怎么和人、和小动物相处，又怎么会不了解孩子的个性呢？

倘若我们的好意被他人误解，当下的我们虽然已能够为自己辩护，仍不免会有不被尊重，有种“我是那种人吗”的愤慨，**既然我们都能了解那样的感受，我们常会在不自觉中，伤害了孩子的自我价值**，该怎么办呢？在不具危险，没有立即必要处理的事件中，我们为什么不能放心地“相信”孩子？

简·尼尔森博士在《温和且坚定的正向教养》一书中提到：**“不要随便贴上行为不当的标签……”强行规定只会引来叛逆和权力争夺**。大人眼中的不当行为，在第一次做的孩子的认知中：

一、孩子既不明白其之所以“不当”之处；

二、强硬的规定就像是一场权力不对等的压制赛，不一定适用于每个孩子，适得其反，便会招致孩子挑战权威和底线的欲望；

三、待孩子出现不良行为时再介入，那样的时机点孩子才会有感，即刻的“不”具指正效果，能更深化孩子的记忆，达到教育的有效意义；

四、要赢得孩子的心，绝对不是用“不要、不可以”的说话方式，来破坏彼此之间的信任与和谐，以为孩子会懂得“我先警告你，这都是为你好啊”！

孩子要的是“归属感”，要能够感到自我是有存在价值的，这是无论在职场、在家庭、在世界各处都不变的人本主义，想要**积极地感到生命的主体性和个人的尊严，基于寻求认同，孩子或许能够短暂配合大人的“不”，但最能够引导孩子自发地往对的方向前进，是从“邀请合作”开始，用正向提醒取代说“不”**。

“宝贝，不可以摘花！”修正成：“宝贝，我们用眼睛看花哦！”

“不要站在椅子上面！”修正成：“宝贝，椅子是屁股坐的哦！”

“不可以追猫咪！”修正成：“宝贝，我们可以（提供怎么和猫咪玩的建议）。”

“说过地板很湿，不要跑！”修正成：“宝贝，地板湿湿的，要慢慢走哦！”

Jivan一岁半时，有次真的太急着要拿玩具，忘记我刚拖好地而从椅子上跳下，跑了起来，马上就“咚”摔了一大跤，我安抚他之余，询问他：“地板湿湿的，要怎么样呢？”那次之后，他便会自己告诉自己“湿湿，要慢慢走”，自己养成提醒自己的能力。

当我们修正自己的说话方式，生活中负面的声音不但会变少，亲子之间的冲突也会降低，营造出和谐的家庭气氛，这是一种正向的引导与鼓励

方式，逐渐让孩子养成“那我可以怎么做、怎么玩”的思考模式，而不是处处过于防备小心，束手束脚！我们也不用变成碎碎念的讨人厌。最重要的是，正向的言语，能够不让孩子发展中的大脑受挫啊！

其实，当孩子爬高到椅子上站着的时候，他也正在练习平衡，稳住自己的下盘，探索的阶段不免会有些伤疤，但谁又会故意让自己痛呢？这时，当大人看到而大喊：“不可以！”反而会吓着孩子，造成孩子专注力的散失，有失去重心摔落的危险，孩子亦从大人的言谈中学到总是反抗与对立的说话方式。我们越是表现沉稳，不大惊小怪，静静地在一旁守候，确保一切流程安全地完成，在那个当下才是最有帮助的。

事后，再找个双方情绪稳定的时候，和孩子聊聊背后的动机，孩子在想什么？为什么会想要做出这样的举动？可以怎么做才是安全的？用讨论、启发的方式，鼓励孩子参与问题的解决，让孩子发自内心理解其行为之不当，而不是只想着用大人力量的介入来处理，或强制消弭不当的行为，**如此只会徒增“怎么讲都没用啊！只会给我找麻烦”教养上的无力感。毕竟，如果动机没引导到适切的出口，最源头的核心问题依然存在，因为孩子可能只是意识到“不能让爸妈看到我这样做”，而保持表面的祥和，水面下的漩涡却往往才是危险所在。**许多教养者会用“危险”一词来断绝孩子的不当行为，不过，“危险”对三岁前的孩子是一个抽象的概念，若缺乏上述的讨论和启发，孩子较难有感。

在孩子学会“自律”以前，必须先从“他律”开始，明确引导孩子符

合社会的规范，画出“他律”那一条清楚的界线。在界线之内，请予孩子自行发挥的天空；超出原则，也请带着“赏识”的眼光，去了解孩子的为什么、好奇孩子思考的逻辑，肯定孩子对这个世界的探索，增加“我能感”的自信心，再导正行为。**当我们的态度，能打开孩子的心扉，教养的道理便能进得去，事半功倍，“他律”的界线，也能有效内化成“自律”的约束；否则门没打开，敲再多次、再大声、再有权威，也是枉然。**

如此一来，就会发现**教养者的着力点，宜在珍视孩子那颗对外界充满学习与探索欲望的心，也因为大人信任、沉稳的内在状态，孩子的行为举止和情绪波动，也不易突然大失序或暴走。**当我的“提醒”是站在不剥夺Jivan正享受的乐趣为前提时，他反而更能听得进去我的话，然后自我调整行为。虽然他已经进入“三句一不要”的反抗期，但**因为教养的方式是“合作”，处于相同或同理的立场来指正，在孩子专注事物没有被强行移除，他仍被允许停留在同一情境下，明确引导他可以怎么做，**所以一直与他维持良好的伙伴关系，而“妈妈的话”，更成为Jivan有力的支持和安全感的来源。

猫咪过世后，Jivan时常提起它。孩子知道它已经不在了，却因为过往经验的美好，而惦记着曾经彼此共享的点滴。倘若，我和弟弟一样，总是在他们互动时，将“不可以、不要”挂在嘴边，那Jivan或许就不会有机会和愿意的心，创造许多令人动容的时刻；而每每遇到其他小动物，他也鲜会因为“过度寻求大人关注”或“报复过往总是被干扰”等原因，出现那些不善待动物的举止。

大人的态度是关键，我们怎么说，将决定其是否具有反效果——“为什么不可以，我偏要试试看”的作用。

我们都是出自于爱，有警觉、有担忧，才会脱口而出“不”。在孩子历经社会化的过程中，是规范孩子也好，是保护孩子也好，其实出发点都没有错，**但，难道我们不可以说“不”吗？当然可以！**因为孩子纯净如白纸，不了解环境潜在的危险，才需要教养者适度的出手，引导孩子远离危险。

“好奇”是好事，但过与不及都有其缺憾；如何施展教育的最大效益，说“不”的时机才显重要！我们可以适度地说“不”，特别是攸关孩子生命安全的时候，这时候我们的“不”，会更具有威信力。**建议在忍不住想要开口阻止孩子做什么之前，如果该事件没有立即的危险性，可以用“停”来取代。**

Jivan两岁前就已能区辨我说“停”和“不”之间的差别，“停”时他仍会停在原处，但动作慢下来想想怎么回事，“不”的时候他已懂得立即收手，只用眼睛观察，再反复看着我，似乎想知道为什么。原因是，有一次提醒过他“电疗椅已经打开了，不可以摸”！但他望向我后，仍调皮地选择挑战那次的“不可以”，我没有硬是抓住阻止他，因为我知道医疗用的电量并不过量，于是就让他体验后果。当然，他被那一电吓到哭了，那次经验后，他便真正从后果中明白，妈妈之所以如此严肃地说“不”，是来真的，是一种关爱。

往后，反而是他会提醒要坐电疗椅的人，说：“外公，我先在这里玩车子哦，你先不要开电哦！”“妈妈，那个电（电疗椅）开了，不可以摸哦！”

别让孩子听“不”听到无感，那只会让教养者在往后教导的路上，充满对空气挥拳的无力感，“为什么孩子都不听呢？”可是，是孩子不听，还是我们“挥霍”了我们的影响力？若是因为说话方式拿捏不当，而把孩子推得远远的，家的归属功能便薄弱了，亲子之间的信任也就松脱了，最后受伤的还是孩子。当孩子最亲密的人总是表现出最不信任他的那一面，他要何以学会“信任自己”？我们怎么能避免孩子自我否定或怀疑：“我不会……我一定没办法……”

你可能会疑惑，即便已经尽量用正向提醒取代说“不”，两岁左右的孩子怎么还是会不断地“不要不要”？明明我就以身作则了，为什么孩子还这么爱回“不”？

只要了解到，**这个阶段的孩子，是借由“不”来宣示自己的独立性，表现出来的反抗是一种“成长宣言”，用来证明“自我主体”和发展“独立意识”的，就不用质疑自己的良苦用心了。**你说的“不”和孩子说的“不”，两者不用，也不必混为一谈的。另外，孩子也不是不能说“不”，那是我们另一个教养的任务，让孩子懂得什么时候该拒绝，勇敢说“不”。不过在这里，并非我们讨论的重点。

三岁前的孩子，容易“上瘾”说不要，大多时候他们是为了看教养者因为他们的一句话而出现过度的反应，来证明自己长大与存在感，听到这句话，我总是会心中暗自笑到想：“又来这招了啊！好吧，来看看一山还有一山高。”不妨先闭眼深呼吸，因为当下能表现出不被激怒的样子，即能有效降低孩子故意说“不”的频率，语气平稳地回应：“这样啊！我听到了。”而不是让自己的情绪被孩子牵着走；然后找到延续对话的聊天方法，就会有很惊人的发现！有时还会觉得“原来你是因为这个理由拒绝的啊，太无厘头了吧”！

我们想想，当我们大声疾呼“不可以”的时候，即便孩子当下真的不做了，但是不是不久后又出现该行为呢？于是，我们就动怒说：“不是说过了吗！讲多少次了！不可以！”亲爱的，请收起你的焦躁，帮助还未成熟的孩子，健全其大脑的发育。为什么孩子说不听呢？为什么学不乖呢？

症结点就在：**“不可以之后，请温柔引导“那我们可以……”**在上对下命令式的“不可以”后，坚定态度再补上“你可以怎么做”，对孩子的思考习惯，与往后出现合宜行为的频率是有助益的，如此，孩子不但能够学习消化“被制止”后波动的情绪，还能知道可以用什么样的方式来调整自己的冲动。因为，孩子不是一味傻傻地听从，而是从经验中反省、学习，以及父母之所以大声是“对事不对人”，孩子才不会把大人的否定语误认为是对他“自我能力”与“价值”的贬低。

有天，我们和朋友去烤肉，Jivan和一位小姐姐玩耍、看成队的蚂蚁，小姐姐开始用脚踩踏蚂蚁，我马上叫到身边，提醒他说：“宝贝，不可以踩蚂蚁！这样它们会痛、会死掉，无法回家了。我们可以用眼睛看它们跑跑跑，让它们去找爸爸妈妈。知道吗？”

Jivan认真地听我说话，想了一下说：“蚂蚁回家找它们的爸爸妈妈吗？”

“对啊！如果你找不到我，会很难过的吧？”我的回答好像触到Jivan的点。

他嘴巴噘起，眼眶泛泪说：“对，你上班的时候我会很想你。”

“所以，我们让它们去找自己的爸爸妈妈哦！用眼睛看就好。”

“好。”Jivan听完跑到小姐姐旁边后，还跟她说不可以踩！小姐姐悻悻然跑掉。

后来，小姐姐拿出带来的飞机玩具，Jivan眼睛发亮，又凑到她旁边，开口跟她借来玩。小姐姐别过身子，把飞机保护好，一边对Jivan说：“那你去把蚂蚁踩死，我就借你。”一手还指向刚才她踩踏蚂蚁的地方。我从旁观察，等待Jivan的反应，出乎意料的贴心，他坚决果断地回小姐姐：“我不要！”这孩子，是真的把我刚才那番话听进去了，玩具飞机都吸引不了他“成全”蚂蚁的心。与其说他有判断的能力，倒不如说他被引导出一颗同理善良的心，知道“不能做什么→为什么→还有自己可以怎么做”的思考习惯。

父母怎么对孩子说话，影响孩子怎么看待事物与自己，他对自我的价值、对父母的信任、对善恶的选择、对外界的尊重，才能自信健康地发展，在这个世界里找到自己的定位，这需要孩子对自我价值的认同。倘若他们做什么总是被大声斥责、一直听到重复的“不可以这样、不可以那样”，感受不到爱与认同，也就难以帮助孩子做到自律，总会出现不良的行为举止。请多用正向的话语引导吧！别让孩子无所适从，他才能主导自己的人生，开拓出自己想要的、不走偏的未来。

自尊心有多重要？
你说话的立场决定孩子如何看待自己

很能自得其乐的Jivan，每天睁眼下床的第一件事，就是摇摇晃晃地走向玩具开始摸了起来，好像它们是他起床的原动力。我通常会先梳洗自己，再回到房间打理孩子，房间里布置了一个换衣服的角落以协助孩子建立规矩，近三岁的Jivan除了情有独钟运动款式，觉得自己很帅吧之外，其他穿什么一律随我挑选。通常Jivan会来到角落站好等我备妥衣服，接着我盘腿坐在垫子上，等高状态下陪着他一起练习脱下睡衣，脱反了还要翻正，再穿上外出服和袜子。这样早晨例行的事，我们已经练习两三个月了，整套让Jivan亲自完成，至少需要15分钟。

可是，就在我去生产、坐月子回家后，我发现Jivan已经完全放掉，放空地任爸爸帮他着装，或是在小便后，跳过问我，跑去找能“直接”帮他把裤子穿好，让他最轻松省事的人。再度回到与妈妈的日常后，每天早上都有种打掉重练，甚至更摆烂的态度出现。

那天，一如往常，我准备好了衣物，坐在固定的角落等着邋遢洋葱头男孩，但无论我怎么呼唤，他依旧呈现“叫了没在听”，像是耳边一阵风，怎么叫都不见人。

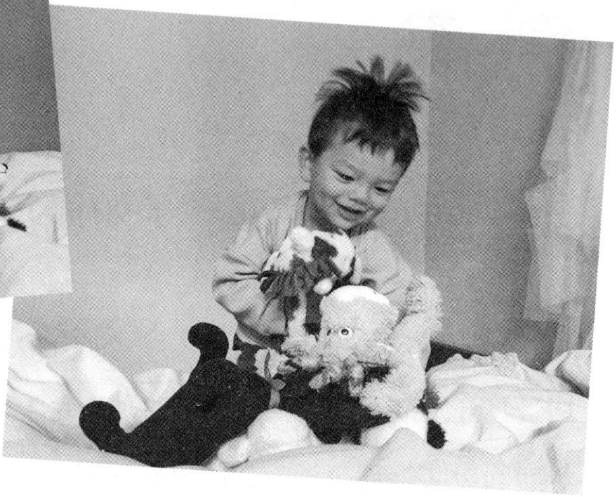

我喊：“宝贝。”

他回：“妈妈。”

我说：“来换衣服啊！”

他选择静默。

10秒后我再深情呼喊：“宝贝呀！”

他也温情回应：“什么事？”

什么事？！明明是每天的例行公事啊！练了也叫了这么多遍了，为什么还一派轻松地好像什么都没发生过。我没发火，是认清事实了，如果一遍就完美，教养就不会这么有趣，而且，男孩儿真的就是只选择自己关心的事物听，不然就是过耳即忘啊，然后等到妈妈气呼呼时，儿子还一副“你在气什么”的样子。想想看自己的枕边人也常常是这种“啊？你刚刚说什么？在跟我说话吗”的状态，或是半夜“你是没听到孩子在哭吗！睡得跟猪一样”时，就不难理解他们潜意识里选择性关上耳朵的情形了。

我叹了一口气，既然他问了“什么事”，我就第N遍当第一遍，好声好气地说：“请过来换衣服啊。”

终于等到你。他的嬉皮笑脸是你的无可奈何，手里还拿着小东西，人是过来了，但不是来做正事的。

“妈妈你看，这可以削蜡笔哦！这样转转转就可以了，是不是！”你生的，乐天（健忘）成这样。

“是，我知道了，东西先放下，你是来换衣服的哦！”

看他一脸从容，来了还不忘天真可爱的跟我分享玩具，我也就假装刚才呼喊十多分钟叫不过来，是孩子用来度化我、修养我的性情的；若是我跟Jivan大小声，劈头就骂：“叫你来换衣服要叫几次！还拿什么玩具！”先前没注意在听的他可能还觉得莫名其妙，未来可能还会发生“那我干脆不要去，去了还要被骂，也不要给妈妈看我发现的玩具”的情形，那我岂不是跟自己过不去。

我应该先肯定孩子说：“很好，妈妈叫，你就来了，”再补上一句，“下次我们耳朵再认真一点听，妈妈叫一次，你就可以赶快跑来哦！”“早上第一件

事是要换衣服，要记得哦！”如此，情况才能逐渐改善，亲子之间没有动怒地让一天美好地展开。

Jivan放下削铅笔器后，我便先起头，替他解开第一个扣子，亲自用动作提醒Jivan，“先生，你是来换衣服的！”毕竟一个半月都犯懒给爸爸换衣服，一时之间要全部都自己做，有所排斥或看到刚出生的妹妹，行为倒退都是可能会发生的。

第一个动作后，我便停下，指着防踢被说：“宝贝，请脱下来。”

这时，Jivan嘴角里藏不住的得意，咕溜的眼睛直视着我，挑衅当好玩地说：“妈妈，请脱下来。”

我不断重复，他不停模仿；“扣子打开。”“扣子打开。”复制贴贴，头脑还很清晰地修改人称：“宝贝，被子可以脱掉了啊”“妈妈，被子可以脱掉了啊！”他不只挑战我耐心的极限，同时也在测试：妈妈是不是和其他人一样，规矩和原则可以被他破坏。

这已经不是我坐月子返家后，他第一次如此没大没小了，尽管他是因为一段时间没看到我，心里也多少因为家中多了个婴儿而感到吃醋，所以故意做一些吸引妈妈注意的行为，但也不该是用这种方式。看着他一边学我说话，还敢一边直视我，没有一点羞愧或担心妈妈会生气而收敛，他是贼笑着步步逼近，等着我的反应啊！

关于调皮和唱反调，Jivan也是很在行的，只是我调整了自己的心态，接受这是孩子成长的一个部分，如果先正面看待“调皮”是大脑灵活的表征，那我们就能沉得住气，把“调皮捣蛋”倒向“创造力”。妈妈朋友们总是会跟我吐苦水，说孩子什么都“不要不要”，一不顺从就放声大哭，若是孩子的哭闹吵到他人，老公面子挂不住，连她也一起骂，叫她好是为难。

我问那位朋友：“那给孩子两个选择呢？譬如：孩子不洗澡，你直接问‘要泡澡’还是‘要淋浴’呢？”“试了一阵子被识破后，那孩子两个都直接拒绝”，接着又求救，她告诉我孩子不洗澡她就不让孩子抱，孩子整晚睡觉前讨“妈妈抱”，哭得歇斯底里，最后是自己拜托“那我要洗澡，洗澡妈妈抱”，全家又“挑灯夜洗”，夫妻两人累得要命，长久的问题还是没解决。

我问：“那，孩子两个选择都不要，在旁边放声大哭的时候，你们坚持不抱他，是怎么安抚他的呢？”

朋友说：“我和我老公都说‘是你自己选择的’，他不洗我就要坚持我说出的话。一直到他哭到没办法，我们脾气也都来了，他最后就自己说要洗了。”

我听完，甚是心疼那孩子，不过是跟Jivan一样大的年纪啊！

“想想，当我们自己选择了一件事，最后却失败了。我们向最爱的人诉苦流泪，却换来一句‘你自己选的、你造成的啊’你是什么感觉？”我说。朋友若有所思，我接着说：“如果你在孩子选了都不要之后，没有再三确认与告知接下来的‘后果’，而是在上床睡觉前孩子讨抱时才说‘不要，你没洗澡臭臭，妈妈不要抱’，这是孩子当时在选择时不知道的事，他要怎么从中接受并学会承担后果？”最后，我简单向朋友陈述，**肢体接触最能稳定孩子情绪和内在，“妈妈不要抱你”不该是这种惩罚，当孩子心里已经受伤，**

我们不但没有安抚他的情绪，陪他一同度过难熬的时刻，还拒绝将最行动化的温暖传递给孩子，孩子的表现只会越来越极端，他会感到孤单、无助而没有安全感，更别说这时爸妈之间还因为他而吵架了。

在说“你自己选的”这句话时，千万别表现出“谁叫你不听我的、活该”的态度，说完后又走人或自顾自地做起自己的事，放孩子一人哭闹，那么，孩子会无法感觉到父母的关爱，也再也听不进去接下来你要说的话、教的事。教养者常有说话带轻蔑和批判的口吻，伤了孩子“自尊心”却不自觉的例子。

“看吧！我早就跟你说过了……”“不是教过你了吗！怎么这样都要哭，就是把脚穿进去然后拉上来就好了啊！”落井下石之后，我们还能期待孩子道歉说“我下次会听你的话了……”吗？

我们面对的是孩子，正因为是孩子，才需要我们不厌其烦地一再重复和提醒，若刺激他，让他受到打击而失去信心，不见得会激发孩子更努力做，大多时候，反而是我们的态度让孩子不愿意再尝试，不想再受教于教养者，然后教养者就更动怒，造成恶性循环。

用心教养的父母很多，但朋友经常向我咨询的困扰，不外乎“孩子为什么不听、不合作？你的方法我都试过了啊！看来是Jivan实在是太暖男了……”后来我终于了解到核心，原来方式错了只是表面，当孩子依然故我而导致不期待的结果或错误时，我们是如何向孩子“回应与说明”才是关键。

至于暖男Jivan嘛，说“不要”根本是小事啦！其实他现在还会“三不”，不合作、不表态、不当一回事。唉！不当一回事最挑战我的耐心，妈妈不变脸色是不想跟孩子硬碰硬，不懂得拿捏分寸还明知故犯，他就是想踩踩看你的底线。会生气是一定会的啊！我都不敢说自己修养好，但我绝对要避免跟孩子一般见识，因为我是来教养孩子的，要懂得调解与克制自己的脾气，也是以身示范，让Jivan了解到“即使这件事不如我意，我也要控制好自己的情绪”。

但真实情况就是，越是亲密越没在“信道”，好想要点播“我已开始练习，开始慢慢着急，着急这世界没天理……”深深吸了一口气，我已经不会重蹈像第一次Jivan听到直接挑战我那样大惊小怪加大发雷霆，快憋出内伤那孩子还笑得出来。这次，我决定找方法治治这小鬼头，不然每天换衣服这样搞，自己又要坚持孩子自己穿，岂不让美好的早晨乌烟瘴气！

要治不合作的小小孩，教养者有一部分也需要避重就轻，意思是我们也可以不当一回事的冷处理，先处理你觉得当下重要的事：完成每天起床自己着装的好习惯，暂时搁置挑战父母的调皮行为，以表示“我听到了，你正在学我说话，可是我不喜欢你学我说话”的态度后，接着依旧温柔并坚持孩子做好该做的事，实践教养者的原则，让孩子知道他的挑战无效。孩子在过程中当然可能会因做不好而失去耐心，突然放弃，哭喊着说：“我不会！”而我们要做的，就是“接受孩子的不会”，接着让他知道，“对啊！妈妈知道你不会，所以要练习啊，我们一起哦！我相信你可以。”更可以接着说：“慢慢来，我等你。”先稳定孩子的心，不被挫败淹没。同时再次悉心说明方法，简单明了，示范亦可。

你不心急的陪伴，就是鼓励孩子坚持下去最好的力量。

当孩子一喊不会时，大人就“顺手”帮孩子做好，孩子便无法“熟能生巧”，更别说成就感了。如果，大人已经先脱口而出要孩子“自己想办法”，那么就请放手，让倔强的孩子学着坚持，让畏缩的孩子学着自信，让觉得自己可做到的孩子有机会证明，让总是依赖的孩子尝试，然后，无论结果如何，即便孩子还有很多的进步空间，也先给予赞美和肯定。若是已经先说出口“不理你了！你看着办吧”！后来自己却又忍不住出手，或是出嘴，“看吧！就是不照我说的做！”那么，孩子已经因无法自己完成而受挫，自尊心也因大人说的话而受伤。

孩子自尊心没受损，就能拥有健康良好的心理素质，成为一个积极、自重、自我肯定的人。自尊太过会有虚荣心，《礼记·表记》这样说：“不自尚其身，不自尊其身。”意思是不要吹嘘自己做的事，不要把自己看得高人一等；自尊心太弱则会自卑，这样的人往往过度集中在自己的缺点与错误，在面对困难时畏首畏尾，面对失败时又不自觉把责任归咎于自己，长久下来将有害于精神健康，较难放胆去开拓自己的未来。

从小要建立与呵护孩子的自尊心，教养者要特别留意“说”，因为无心的一句话都可能影响孩子如何看待自己。新加坡电影《最佳伙伴》中，一位母亲总是将小儿子与成绩优异的大儿子比较，因为常指责事情做不好的小儿子“你为什么那么笨”！后来，读小学的小儿子把母亲的话信以为真，植入了“我就是很笨”的自我评价，一方面他努力想证明自己，想要和哥哥一样好，一方面又觉得，无论怎么样自己都无法比得上哥哥，妈妈都只爱哥哥，最后为了展现自己的能力可以而做出危险举动，头部遭撞击受了重伤，妈妈才在付出代价后懂得反省。父母创造的环境，与儿童内心成长是高度因果关联的，正如我很喜欢美国心理学家桃乐丝·诺特（Dorothy Law Nolte）说的这段话：**“如果儿童生活在羞辱的环境，就学会内疚；如果儿童生活在鼓励的环境，就学会自信；如果儿童生活在赞扬的环境，就学会自我肯定；如果儿童生活在安全的环境，就学会信任他人……”**①

“爸爸！我跑很快吧！”

“哪里快，爸爸跑得更快！”

“妈妈你看！我很厉害！”

“哪里厉害，我跟你一样小的时候也会！”

“妈妈，这个我不会！”

“连这个都不会，不是教过你了吗？”

“爸爸，你看我拼的轨道！”

“不是这样啦，要这样才对。”

你如何说，孩子就如何看待自己。别忘记，孩子的自尊心也是会受伤的，下次回应孩子的时候，多设想、多留心孩子的感受吧！孩子生活在亲密的教养者每天的冷嘲热讽中，即便是无心的泼冷水，都会让孩子质疑自己，难以建立自信的。

调整“说”之外，“立场”也要踩稳。我们可以“不帮忙”，但绝对不是冷眼旁观，让孩子从错误的经验中学习，等到孩子真的有需要时向我们求助，这样的“忙”才能发挥最大的效益。**“不急着帮忙，而是明确让孩子知道：如果你需要我的协助，我都在。”**

对于在我去坐月子而前功尽弃、不愿意配合练习自己换衣服而直接挑战我的Jivan，我是这样处理的：

本来我坐在换衣一隅等Jivan，就是要陪他练习，顺利地完成着装，但是他那样的态度，显然是存心要惹我。我先搁置他的行为，有意识地控制我的脾气，只问Jivan：“你要自己穿，不用我在这里了，对吗？”可能是句子太长，可能与他预期“妈妈会生气”的结果不一样，也可能是因为是问句而傻住，总之，他还来不及反应过来，我就赶紧接着说：“这样啊，原来是你可以自己穿呀，很好哦！那妈妈先出去了，你换掉睡衣，穿好这些衣服再出房间。”

说完，我便起身走出房门，在门口再重申：“妈妈去准备早餐哦！加油！”我心里为自己没动怒撒花，为Jivan的傻眼反应窃笑，“想激我！哼！刚好也练习穿脱衣好一阵子了，顺便也检视看看他自己能做到什么程度吧。”

就在弄完走回房间的时候，在门口就听到Jivan的哭声，“妈妈，妈妈——”我推开半掩的门，他看到我，立刻跑到门口耍赖：“妈妈，我、不、会！”

“宝贝，你会，你可以，我们练习了很多次，慢慢来。”然后我要他自己回到换衣服的角落，一边稳定他的情绪，“需要帮忙跟我说，我在这里。”

自己为了一言既出、不打自己嘴巴，即便孩子的动作还不纯熟，我仍决定：孩子没穿完不出房门，我不进去，而是站在门口“支持”和“陪伴”。

后来，我只是心平气和地下简单的提醒和细化步骤，一次只注意一个小动作，Jivan便完成所有的穿脱，并将脱反的衣服翻回正面。他还是会没耐心，会尝试一两次就想放弃，气急败坏地跑到门前要我帮忙，我依旧和颜悦色地鼓励Jivan，说：“宝贝，你可以，一脚一个洞哦！”或是当他做对一个小地方就马上赞美他，“对！太好了，甩一甩，你刚刚自己把衣服翻回正面了！”以减轻他的挫败感。大概花了20多分钟吧！过程中我一度觉得站得脚好酸哦，但是要忍住、坚持、不出手！

Jivan蹦跳出房门前，我开心地与他击掌和拥抱，身为他的啦啦队，我当然要为他喝彩！他脸上露出得意又有点腼腆的笑容。Jivan能独自完成，越过挫折感，才是最重要的。至于他一开始的态度问题，为了不让当下的情绪刺激到彼此，待双方不再对立后，我在当天找了个两人情绪都平稳的时间进行沟通，他不但知道自己的行为错了，也表示下次会注意。

其实，就是一个“点”而已。**那个“点”即是教养者的立场，我们是与孩子站在同一阵线，如此才能实践教养中的“教”。**

当Jivan没大没小学我说话时，我若生气，换衣服这件事就很难继续。当Jivan哭着要我帮他穿的时候，我若走进门替他快速完成，也就默许了他放弃，而我说出口的话也没有贯彻，要孩子怎么再取信于我。离开现场，是冷静我自己，而把任务全权交给我觉得差不多是时候能够独立完成的孩子，在这之前务必先确定掌握孩子的能力，才不至于在放手之后，徒增孩子的挫折感，让自己好像赢得这场“胜利”。

给孩子满满的爱不是溺爱，让孩子体会来自父母“无条件的爱”，从陪伴孩子完成任务，到日后孩子学会独立，他会建立自我的价值感，拥有自尊、自重的健康心理素质，面对困境，明白“做不好可以好好练习，人一己十，检讨再调整”，如果总是低自尊之感，就容易因小挫折放弃，如此态度面对未来的人生，就难以成事，无法培养自始而终的做事态度。

明天过后，或许我和Jivan还是有好多场硬仗要打，但绝对不是我和孩子敌对，而是我们并肩，打良好习惯、处事态度、自我价值的这些战役。把自己设定在这样的位置，教育就会变得积极、快乐、有效多了。

---

① 转引截选自云晓《教出好女儿》，野人文化股份有限公司，2016年9月，第56页。

孩子在外面模仿了不良言词顶嘴，请提醒他做独一无二的自己

Jivan泡澡时拿了玩具扳手，蹬在澡盆边上够着洗手台，说要修理水瓢里的水，起劲的模样让水花四溅。

我进去洗澡时，告诉他我需要用洗手台洗脸，他可以把水瓢拿到澡盆里坐着修理，玩兴正浓的Jivan竟然转头瞪了我一眼，说："你闭嘴！"当下我很是错愕。

我一直很注意遣词用字，尤其是下达指令，因为孩子很容易听一听就受影响而习得，举凡"走开""闭嘴""不关你的事"等，我都很有意识地避免使用。当然，有注意到身教之重要性的教养者，应该是鲜少用这些用语对待亲爱的

孩子的，可是，当对象变成可能具有攻击性的或起冲突的他人，就较难注意到孩子也在一旁看着你的一言一行，脱口而出。

既然自己已经谨言慎行了，怎么Jivan会出现这种神态和口吻和我说话？**“谁教你的？！”不不不，千万不能这样带着怒气质问孩子，进入团体生活后，孩子逐渐开始有同伴的概念，即便是语气和缓地问“谁教你的”，孩子也不一定愿意说，因为这对他们而言，已经是种“出卖”**，“我说了他会不会被骂？如果我不说，老师就不会知道，老师不知道，就不会骂他啦！他就不会对我生气，我们可以继续一起玩。那，我才不说呢！”

更何况，说话的方式不需要刻意“教”，是受影响学来的。

所以我马上猜到，一定有人在我不在场的情况下，对Jivan说或是在他面前对其他小朋友说过。我严肃地看着Jivan叫他的名字，让他停下手边的游戏，才问：“宝贝，是有谁这样对你说过话吗？”语气中我认真但不带指责，只是表达出“妈妈想充分了解情况”，这样说就与“供出名单”不同了。

他说了一个名字○○○，不出我所料，那个在保姆家和Jivan朝夕相处的女孩，一直是比较霸道的个性，但因为年纪相仿，所以两人天天玩在一起。之前Jivan出现过把手举高作势要打人的模样，也是因为发生过○○○在抢玩具生气时会这样举高手打他。

我不打算在孩子面前评断任何人，以免不小心造成孩子自视甚高的待人态度，只针对Jivan当下的行为，告诉他说：“你用那两个字对我说话的时候，妈妈很震惊，我吓了一大跳！因为你对妈妈那样讲话，我听到心里会好受伤。”

“妈妈吓了一跳，会感觉受伤吗？○○○也跟我这样说话的啊！”

“你不是○○○啊，是Jivan，是我的宝贝啊！你跟○○○是不一样的，不用说一样的话。”

“是妈妈的宝贝有礼貌吗？不跟○○○一样吗？”他会提出妈妈的宝贝要有礼貌，是因为这阵子我一直在教导他待人有礼这件事吧！

“嗯！你们不一样，我最爱你了！下次如果有人这样对你说话，你可以让他知道你不喜欢。如果他还是不好好跟你说话，你可以选择去别的地方、做别的事。”

其实，我很常用**“强调孩子的独特性”**，来隔离孩子从众、复制他人不良行为的情形，与其强行规定“不可以”，针对性地批判“那人就是没家教、没礼貌”，或是和孩子争辩“别人可以，我为什么不可以”，倒不如直接增强**“你就是你，你可以有不同的选择，你可以做出不同且受肯定的行为”**。

当我先展现风度，放下被孩子言语挑起的怒气，教养才起得了作用：与其阻挡，不如疏浚。阻挡只会在某一天突然爆发，疏浚反而能长久和平共处，道理和用“障水法”治水失败的鲧，和用疏通引流而成功的禹有异曲同工之妙。我们苦心为孩子选择并营造良好的环境，但仍无法隔绝外在世界的影响，所以在这个节骨眼，最重要的是传递给孩子“妈妈很重视你，因为很爱你，所以必须教导你注重一言一行，才不至于伤人害己”。**平心静气了解原因，不具备攻击性和刺激性，我们的教养方能走进孩子的心，靠培养其“判断”与“选择”的能力，来避免脱序字眼的再次出现。唯有孩**

子真的懂了，说话之前，才能先经过自身内在的判断而过滤，“嗯！我要记得，我以后不可以这样说话。”

“知道吗？妈妈请你离开洗手台，是因为你已经玩一阵子了，我很累了，现在轮到我洗澡了，你坐进澡盆里玩也很舒服。”

“知道。”Jivan平静地退开。他的合作代表着他的了解，他能了解，出自于我没有因为他说了“你闭嘴”就瞬间动怒，而是我愿意先放下成见——“你竟然敢这样对妈妈说话！”同理他曾有过被同侪如此对待的感受。如此，他也在学习如何同理回应，妈妈也会有妈妈的需求。

“那，你刚刚那样对我说话，我很震惊也很受伤，怎么办？”我接着引导。

“Sorry，我没有礼貌了。”这是我始料未及的，Jivan竟然因为我要求他做“有礼貌”的孩子，而从我的反应中判断出刚刚自己是“没礼貌”的！

“没关系，我相信你不会再说了。”最后我说的这句话，是透过“爱与信任”的传递，肯定孩子反省的心，让他持续保有此认知的“增强话语”。

看着收起方才凶神恶煞眼神的Jivan，软化面容的弧线而快乐起来的笑靥，这应该就是教养中所谓的“双赢共好”吧！然而同时，我也想起那个会这样对Jivan说话的○○○女孩，她在家到底是怎么被对待的呢？每个行为与情绪走样的孩子，在失去他们的单纯可爱前，必定是已先伤痕累累了。

Jivan叫我闭嘴，从强度上来看，已经比反抗式的“我不要”更为严重。倘若今天对我说话的对象是成年人，我当然有理由为此生气；然而，教养者面对两三岁的孩子，必须先有一清楚的认知："**我们是来帮助孩子成长的**"，如此一来，就能稍微平复"你竟然敢用这种态度对我说话"的怒气，因为成年人的标准和认知在此并不适用。

"理直气壮'顶撞'父母，你怎么可以让孩子这样对你说话？"朋友留言问我。不是我可以接受Jivan忤逆我，这要归因到一个起心动念："**我为什么需要孩子百依百顺？我为什么要讨厌孩子表达自我？"孩子说话用词的取舍有问题，并不是他刻意要这么选，而是外在无法隔绝的环境在孩子身上起的"影响"，这本就是社会化的过程，我当然要鼓励孩子表达自我，只是，更要着力在他的表达方式，包括措辞和态度的拿捏上，做修正与引导。**

当Jivan玩得正开心，我突然打断他时，这样投入的时刻，任谁都难以马上抽离；他透过过往被言语拒绝的对待（在保姆家想和○○○一起玩时被叫"闭嘴"），模仿出该情境对方所展现的回应，是他错误的融会贯通所展现自我意见的做法。我若是生气，就是孩子再一次受到言语的伤害：第一次忍受同侪不礼貌的命令"闭嘴"，再一次不明不白地被妈妈怒火中烧的"你在说什么！你竟敢这样对妈妈说话"！到头来，孩子还是没学会"说那句话"到底是有什么问题？为什么我一说，妈妈要发那么大的脾气？但为什么○○○可以那样对我说话？

孩子顶嘴或顶撞，本来就是区别人类与动物的一项生存本能！席勒："思考是我无限的国度，言语是我有翅的道具。"说明的正是具有思辨力、靠言语表达思想、走出自己一条高飞的路的人，父母岂能变成他们的高墙呢？我们都想要把孩子教好，却容易不小心被学语后伶牙俐齿的孩子"气到说不出话”，然后再来抱怨“孩子难管”，其实说到底，是大人内心存在着“孩子不服我、我压不住孩子”的掌控欲望啊！

那怎么办？听孩子说完喽！先了解他的“想法”，让孩子感到充分被尊重，因为中途打断别人也是不当的身教；若是连在父母面前都不能被倾听与做自己，将来又怎会有力量为自己挺身而出呢？为自己发声，这是内心强大的表征啊！在孩子语言发展的阶段，模仿他者是学习必经的过程；然而，**其判断如何取舍的能力尚未跟上以前，我们必须让孩子相信“无论如何，你都可以放心告诉我你在想什么”，然后倾听到最后时，用同理的心先去安抚，修正不当字眼再引导**。譬如：在那个Jivan斜眼瞪我、凶巴巴叫“你闭嘴”的关键时刻，教养者务必要先“抓住理智线”，接收到释放出的讯息：一是这孩子曾经有过不被尊重的对待，二是孩子明了自我的需求，但还无法适切地表达。如此一来，暴怒的情绪就会软化下来了。

“我知道了！你正玩得很开心，所以听到妈妈请你离开这里时很不开心，对吗？”“你可以直接告诉我你还想玩，不是要我闭上嘴，因为这样说话，事情是没办法被好好地解决。”让孩子知道，**说话是为了沟通，不该是冲突的开端；父母不是铜墙铁壁的大笼，而是丰厚孩子羽翼的循循善诱者。**

千万不可以因为孩子一次的“失言”，就以偏概全“教你几次了！怎么都那么不听话”，这样因偶发“事件”而全盘否认孩子这个“人”，是非常伤人的，也会逐渐丧失孩子对你的信任，当信任与尊重没了，再多的指导都没用。

有一回，在我的高一导师班上，一位来自印尼的男学生把中文课中学到的新词举一反三，直接把“我”与“独裁”一词连接。想想我站在前方讲台，班上男同学拍手叫好，觉得他举的例子真好时，我心中的愤怒与难过是多么沉痛，我甚至想夺门而出；但是当时，我选择站在原地深呼吸，暂停说话，忍耐住几秒后挤出一点微笑问他：“请问，我哪里做得让你觉得我‘独裁’了呢？”全班没想到我会是这样的反应，逐渐安静下来那“为了反对而叫好”的浪潮。

“要打扫！”

“我知道你们在印尼不用打扫，但是在这里，打扫是生活教育，所有中小学生都是自己维护读书环境的。”

“手机管很严！”

“你们来这里是来念书的，上课不玩手机是对自己、对老师、对父母的尊重。”

“睡觉一直叫！”

“我希望你们能有基本的学习态度，而且我叫你，是因为我没有放弃你。”

他咄咄逼人，把对我的怨气与不满都发泄出来，本来精神振奋看戏的同学现已呈现一片鸦雀无声，推着他，要他别说了，他大手一挥，一副“算了算了”的苦笑表情。我试着不让课堂气氛变僵，既然我都鼓励孩子多表达了，那就趁这次机会教育吧！最后我说：**“如果我‘独裁’，现在就不会**

这样和你说话。我欣赏你很敢说，但我同时，也真心希望你能做好学生的本分。”

坚持做对的事情，却感觉身心俱疲。撑完整节课后，我躲进厕所哭了好久，对我而言，那是一场如噩梦般的情绪训练，幸好我没有溃堤，幸好我没有用暴怒压制，幸好，我好好听完他的想法，加以说明并教育，用我的态度证明他举的连接是不适当的。

那男孩，其实也是班级中脑筋相对灵活的学生，我后来告诉他：“你可以很特别，但不需要反社会、爱抱怨，如果在这里念书这么不开心，或许你可以和你的家人沟通看看，有没有更好的选择。”结果，他还是留下来了，后来变成一位看见我就腼腆笑的调皮男孩，师生之间那场“公然顶撞”的事件，没有让我们成为敌对的状态，班级的运作反而是越来越顺畅。

现今的高中校园现场，16至18岁的学生大多都有非常强的主观意识，自视甚高者不在少数，特别是来自于不同国情背景的组合，“中文教师”倒成了弱势，必须要求孩子们融入本地校园的生活型态。事件发生在我的“后母班”，因为我了解第一学期班导放任的作风与下学期接手的我的天壤之别，孩子们已经被姑息和纵容一学期了，积习已久，要被拉回来谈何容易，有所反弹也是可预想到的，所以我花了加倍的心力调整班风，有将近两个多月，我连踏进班门都很抗拒，然而这也是我的功课，我要让这班孩子知道，我是来教育他们的，我会陪着他们。在我的专业语言教学的任务之外，还有品格养成，正如同身为教养者的我，教学上是一贯的原则。

做独一无二的自己，是孩子在与教养者爱的互动中做出的选择，因为他在乎你对他的爱与信任，并且在情绪与想法被同理的平稳状态下收到指正，所以更能谨记教导，逐渐走向不从众的一径。

《论语》中记载了许多孔子强调说话的时机与准则的篇章，搭配适切的举止仪态，“言语”便成了实现“礼”的核心。当孩子脱口而出那些你从未使用过的言词时，正是教孩子选词用字的最佳时刻！怎么做到既不伤到他人，又能完整表达自己不同的意见；既属于团体中的成员，又仍能做自己，的确是需要我们先改变自己“竟敢跟我顶嘴”的囿见，教给孩子说话的艺术。

一个巴掌拍不响，亲子之间的冲突都是一连串的作用力和反作用力的互动。自己是否也不经意在孩子面前做出不良身教的说话方式，或是被刺激到的一方（通常是教养者），不分青红皂白就对懵懂的孩子做出更激烈的回应：“你说什么！再说一次试试看啊”等，都会成为孩子“顶嘴、顶撞”的原因。此时此刻，温柔地牵起孩子的手，强调孩子的独特性并助其搭建判断的能力，以避免盲目地向他人有样学样，孩子才能逐渐了解“说话不可任口”。（曾国藩）

经常不自觉地用条件句恐吓孩子吗

试着回想，从小到大，从父母到老师，从幼者到身为长辈，我们听过，或根本自己无意识脱口而出多少次："你不……，就不……？"

老师说："你再不交作业，就不要给我下课！"

哥哥说："你不帮我拿包包，我的玩具就不分你玩！"

妈妈说："你现在不睡觉，等一下我们就不去公园。"

邻居当好玩戏谑地说："你不叫我，我就不给你糖果吃哦！"

以上的例子，层出不穷地出现在我们的生活周围。其实，它就像"条件"的用法，也就是后一句会不会被执行、发不发生，取决于前一句孩子有没有照实做好。然而，我们在使用时，较少留心逗号隔开的前一句话与后一句话是不是有绝对的必然关系。像是：孩子交不交作业，与能不能下课不见得有绝对的关系。下课不只是孩子的权益，是专注力的休息再出发，老师也需要喘口气，用"剥夺"的方式恐吓孩子以前，必须在此之前先和孩子约定与沟通好，或者是"下课时间补完即可"，我们的目的是孩子完成分内的工作，以及发现有困难独自完成而需要老师协助的学生。"交作业"是为了检视学习成效，教导孩子自我负责，所以，要让孩子达到"准时完成”的目标，并非只有处罚或剥夺，况且也可能偏离我们的初衷。

还有：当我牵着Jivan在家附近走动时，常会遇到热情关切的邻居，他们期待Jivan主动开口叫人。当然这点我会教孩子，只是，当一两岁的孩子不一定认识你，个性害羞了点时，强逼他开口只会让他更加退缩，结果竟当面断言孩子“不叫？没礼貌哦”的评语。我不是说孩子不开口叫人是被允许的，而是第一时间热情冲上去喊：“阿姨好”“叔叔好”是困难的，除了要认清彼此相处的时间少之又少，孩子有戒心又未尝不是一件好事呢？那表示，孩子对陌生人是有警觉的，他需要一些时间去观察大人间的互动，这可以视为是孩子判别他人的一种“信任机制”。所以，“你不叫我，我就不给你糖果吃哦！”逗号分隔的前后两句，不但没有绝对关联，更无法让孩子理解“开口叫人”是因为“礼貌”。

同理可知，要不要拿包包，与能不能得到玩具，前后两句是施令者武断的、不相干的强制连接，是用接收者心中的企盼、想要、恐惧等种种情愫，来达成自我目的，展现影响力。而妈妈说“孩子不睡觉，就不去公园”，“睡午觉”固然是美意，但肯定有更针对问题来处理的办法解决，是约定再玩五分钟呢？还是妈妈的枕头借你用看看呢？还是我们一起躺着来聊天酝酿睡意呢？好好专注在该件事情被解决上，会比牵连进另一件事，以上对下的强制方式挑起孩子情绪来的有效得多！

父母有许多种类型，譬如“控制型的父母”，或许基于自身走过冤枉路的经验而强制控管，为孩子选择自己认为最好的道路，以避免孩子尝试错误。“过度保护型的父母”则可能是舍不得孩子经历失败与受伤，无形中将自己的焦虑转嫁给孩子；心中已先有成长阴影的大人，更容易预设立场，用“最坏的结果”去“吓阻”孩子，靠“制造孩子心中的恐惧”以达到约束孩子行为的目的，像是“你不坐好玩滑梯，等一下跌倒流血就不要说我没告诉你”“你现在不吃饭，等一下肚子饿我也不给你东西吃”！原本是想保护孩子的良善，希望其能安全游玩、不必饥肠辘辘并健康成长的父母，反而因为使用了条件的句型和恐吓的语气，成了使用权威逼迫孩子“乖乖就范”的大人。

然而，当恐吓起不了作用，用一句话刺激孩子不成，教养者是否又能稳住自己的脾气，接受孩子的不买单，将后果留给孩子承担？还是变成出尔反尔的大人，反而自己打了自己的嘴巴？

适逢暑假，隔壁桌的爸爸，带着上小学的孩子到咖啡厅，大人对着电脑，孩子对着手机。

我在隔壁桌敲着键盘，听到那位爸爸对孩子说：“哎，快吃！不吃就不要吃了！”桌上那份鲔鱼可颂不但稀巴烂了，还被拒绝收尸。

“那我不要吃了！”孩子头也不抬，盯着手机游戏的屏幕，直接“顺势”不吃了。

爸爸停顿了一下，压着愤怒的声音说：“吃完再玩，快点吃！叫你快点吃有没有听到！”他说完，朝隔壁桌的我瞄了一眼。

我纳闷：“不是说，不吃就不要吃了吗？”那位小弟怎么被“允许”

可以不要再吃了，却又被“强迫”继续吃？既然一开始就没有打算要给孩子选择的空间，何必这样说话，变相让自己被挑战？演变成僵持不下的亲子关系。

我相信，许多的父母都不是以“彰显自身权威”为教养的出发点，但我们所说的每一句话，句句都显示身为父母的“影响力”和“自我价值”，能做到“一言既出，驷马难追”，自然而然能得到孩子的敬爱，将我所说的话奉为圭臬，与孩子的约定才有力量。

言行举止是身教，我们的坚持，可以用更明理、温柔且坚定的话语表达。

我们对孩子的要求有先后顺序时，能有意识地选用不刺激、不恐吓的说话方式，孩子内心必然会相对平稳；因为“跳针”般不断重复必须要孩子配合的事，和“压迫”孩子照我们的话做，否则就怎么样的态度，是截然不同的。

（一）条件句：“……，才……”vs.“……，就……”

孩子听得懂话后，“说话的技巧”就变得很重要。**你希望他抓到什么重点，那就要看你选择“如何善用词语”。**

“睡午觉起来，妈妈就会来接你！”“睡午觉起来，妈妈才会来接你！”

这两句话，都是想要达到安抚一个刚到幼儿园还急着想找妈妈的孩子，告诉他午觉睡醒后，妈妈差不多就会来了。但是，用“……，就……”

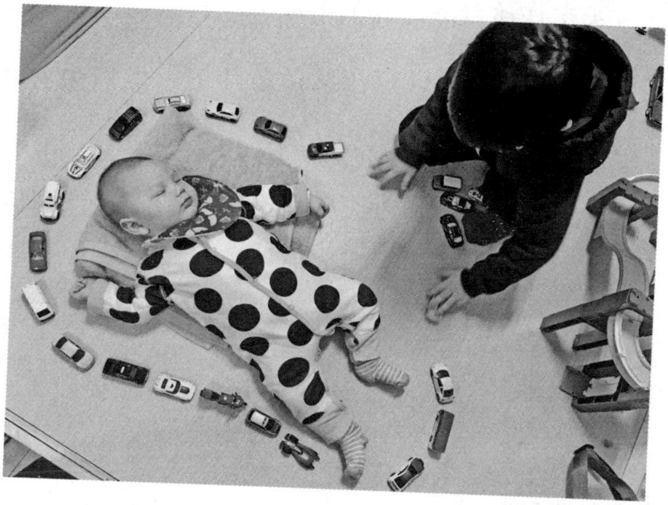

的句子，与“……，才……”的句子，实际执行起来，成功率却差很多。

或者这样 ：“你先吃完饭，我们就可以来喝果汁喽！”与“你先吃完饭，我们才喝果汁！”应该很明显，使用第一种说法的妈妈，较能让孩子心平气和地接受必须吃完饭的规定，稍微缓解内心渴望喝果汁的急迫。为什么呢？

因为在中文里，**倘若“……，就……”的前后句都是动作的话，那么其指涉的两个动作会予人连贯之感，也就是前一句和后一句的“时间差”感觉较短。再者，“就”句型是“充分条件”，赋予受话者可选择的弹性空间大**（不强制武断），**能紧密相连“逗号”前后的关系，而且是正向的连接，对于前一句是加强的肯定作用，并顺理成章的承接下一句的结论。**简而言之，从这样的句型中，老师并无传递“你一定得睡”的硬性规定，幼儿园思念妈妈的孩子抓到的讯息是“我睡午觉后的结果”，而“睡午觉”距离“妈妈来”的等待并不会太久。这样说是在加强孩子“好好睡午觉”的行为，借此达到他“妈妈来接”的期盼，老师希望他情绪稳定下来“跟小朋友们睡个觉”的目的也一并完成。

为了达成目的，我们也经常脱口而出“才”。**“……，才……”是“充分条件句”，表示只有在某种条件下，然后怎么样，具有急迫、立即性、非得如此，下命令时常会用到**。由于“逗号”前一句的动作的发生，然后怎么样的后一句，意即，若没有做到前一句，则后一句也不会成立。在这样的语句里，受话者会强烈地接收到前一句“只有我、我必须”的限制感。

举“睡午觉起来，妈妈才会来接你”的例子来看，想妈妈的孩子听到这样的条件语句后，容易陷入“那……如果我不想睡，妈妈就不来”，被放大的是“自己睡不睡”这件事，孩子会焦虑“那我不睡妈妈就不来吗？可是我不想睡啊！我做不到怎么办？我现在只想要妈妈”！接着，受到刺激的情绪就会盖过理智而溃堤，“我不想睡，呜……我不要睡觉啦！”那种“我不睡妈妈不来”的恐惧或悲伤便会涌现。

（二）否定条件句：“你不……，就不……”

前后关系的条件句中，人们也特别爱用“不……，那就不……”具有否定意味的句型，“你不把手洗干净，就不要吃饼干。”既然“就”已经是条件句了，为什么还要加入负面的“不”呢？因为，大人心中有立场的预设：“小孩会拒绝”，或由孩子的行为已经是“拒绝合作”的状态；我们不自觉地用了否定条件句，是因为和原本心中的期望相违背，多么希望孩子就乖乖在我的掌握之中就好啊！

“不……，那就不……”的确有其好用之处，但在使用上要怎么样不流于“恐吓”而坏了亲子之间的和谐，就在于说出口之人的“语气”，及有没有意识到“前后句的必然关系”。前面举例的“你现在不睡觉，等一下我们就不去公园”，就属于前后句无必然关系的说法，用“不能去公园”威胁不睡觉的孩子去睡，等于是拿另一件不相干的事来刺激孩子而已；具逻辑且有连贯性的说法，可以调整成“你现在就睡觉，等一会儿起来后，如果距离妈妈煮饭还有一段时间，我们就可以去公园，但是如果你一直拖拖拉拉不睡，妈妈准备煮饭的时间又到了，那我们就没办法出去走走了”。如此，把事件前因后果的必然关系，向孩子具体说明是因为“时间”的关系，而孩子自己选择的结果是有影响力的，那么，我们想要让孩子学习到“什么时间就做什么事”或是“弹性运用时间”的观念，才能慢慢植于孩子的脑海中，而逐渐降低我们碎碎念、威胁利诱的频率。

这里还要再补充一个同样也有**“否定假设”**功能的句式，在教养的日常中也蛮容易听到的：“……，不然……就……”。譬如：“你快点吃哦，不然等一下大家吃完走了，就只剩你在这里”“你在生气啊？不然我们就先别出门了，等你气消了再走”，以上我举的两个例子，若使用心平气和的语气和缓说出，孩子接收到的就不会是勒索、胁迫的感觉，它较具有“建议”和“选择”的功能：“我建议你吃快一点……”“你选择继续生气的话，那我们就先暂缓……”能委婉地下指令、提供讯息、陈述结果，比起条件句“你不……，就不……”，更关注在听话者（孩子）的感受，只要教养者带着开放的心，亲子之间仍是有互动性的。

在买滑步车给Jivan时，我特别指定也要配给Jivan一顶安全帽。我坚持：**“Jivan骑滑步车不戴安全帽，我们就不出发”**，这里有个“安全”为大前提，前后句的关系也是必定如此的。就好像，开车时宝宝没在安全座椅内，宝宝的安全会受到危及，坚持不在安全座椅不上路的原则，是以“安全、交通规则”为前提，所以教养者要费心的，是让孩子理解“你不……，那就不……”的前因后果和大前提，而非用其他说法，如“你不戴安全帽，等一下就不买玩具给你”之类缺乏逻辑的话逼迫孩子服从。

但是，从第一间车店就开始给Jivan试安全帽，到第三间都决定要买车了他还是不肯戴啊！**我是不强迫他的，我希望这件事是在他“接受”的情况下主动配合完成的**，把“骑车戴安全帽”这个正确的观念输入在小脑海里，往后的每一次骑脚踏车我也就不用“苦苦相逼”，把出门的好心情搞得乌烟瘴气的。

“外显行为”与“内心意愿”都是因Jivan能了解父母坚持的原则，情绪上能平稳接受地配合，那之后的每一次都会极其顺利地高效率进行，省去许多力。在口语表达上，选用“不……，那就不……”的句型，是因为Jivan已先拒绝戴上安全帽在先，我为了贯彻原则和遵守交通规则，以“安全”为大前提来包装整件事的先后因果，和孩子平心静气地沟通。然而，别忘了，“就”语句本身具有弹性，**我不逼迫孩子非得要做到前一句，而是尊重孩子的选择；你可以不做到前一句，只是那样的自然后果，就是后一句无法接着执行下去**。

“好，Jivan可以选择不要戴上安全帽，那么我们就先不出发，等你想好了，准备好要戴了，再来告诉妈妈哦！那时候我们就一起出发喽！”

教养充满小巧思，善用“说话的技巧”，孩子好、妈妈也好。脚踏车安全帽事件，就是靠不厌其烦，不动气先接受孩子的拒绝，但仍秉持“不……，就不……”的不妥协原则。

在决定带孩子去买车之前，其实我已先选用“就”的句型沟通做足准备，明确灌输孩子交通安全的重要性；从选车的第一间店起，不断重申：“宝贝戴安全帽，妈妈就骑车载你哦！”一边指着安全帽，一边开心夸张地指脚踏车，帮他把“安全帽→脚踏车”的绝对连接做起来，喜欢脚踏车的他就能逐渐忘记“不要”的排斥感，而满心愉悦地享受戴上安全帽后的结果。

后来，**Jivan戴上安全帽，再来不时“强化”他选择戴上的举动，“太好了！Jivan戴好安全帽喽！我们准备一起骑车出发喽！”当作维持他行为的正向话语**。第一次确定他愿意戴上后，他就不拿下来而耐心等脚踏车准备好，之后的每次，他都会“主动”指着安全帽说要戴，然后坐上脚踏车，心情愉快地踩着风、迎着阳光。在建构良好行为出现的过程，若是孩子偶尔忘记了原则，或是难免犯错，我们也可以善用“提问”，像是：“哎，宝贝，记得吗？坐脚踏车以前要先做

什么呢？想想看哦！”引导孩子思考和观察，对事情的解决方式具有“决定权”，也会激发孩子正确行为的出现。

培根有句话是这样的：**“幸福的家庭，父母靠慈爱当家，孩子也是出于对父母的爱而顺从大人。”教养者用对了坚持的方法，话语中充满关爱，即使不如孩子所愿，仍可感受到温柔**，“先穿鞋，就出门”“先完成工作，就去吃到饱”，其实说话的技巧不只妈妈用好，任何时候对他人有要求或期待，抑或是种种为了他人好的想法，都可以这样明确地指引与表达；**让前因后果也可以很正面的连接**，让事情在你情我愿的快乐心情下完成。

不小心成为“假民主”的大人？
教养停看听：善用陈述句，孩子不作对

有时去野餐，就像家家敞开大门却不邀请左邻右舍逗阵作伙来用餐，偷瞄彼此的菜色，然后不小心就听见餐桌谈话。

左侧的奶奶和女孩的父亲，正对着女孩说：“女儿，吃完这口，好不好？”女孩抵死不从，在父亲怀里挣扎，不一会儿就传来女孩的哭闹。

“快点，快点吃啊！吃了才不会肚子饿，好不好？”父亲试着好好说，女孩还是不愿意吃。

奶奶对女孩的父亲说：“可能是想睡觉了。”接着便把女孩接手过来，“乖啊，吃完这口来吃糖哦，好不好？”

斜前方，一位正在收拾的妈妈好声好气地对儿子说：“儿子，我们走喽，好不好？”

“不要！我还要玩！”

来回几次后，妈妈盛怒说道：“叫你穿鞋你不动，收东西也不帮忙，叫说要走了还在玩！你认真听我讲话好不好啊！”

上述因为教养者抛了一个问句，而孩子无法回答出一个教养者“设想

好的”答案，造成亲子之间不愉快的例子是不胜枚举。其实，我还真想为孩子叫屈，因为，孩子的确是有听到大人说的话，他不但听到了，还用了话语，甚至是动作与情绪回复，像哭闹不吃、不走继续玩就是孩子顺着大人的“好不好”问句，做出了“不好”“不要”的选择，**是你给了孩子“可以拒绝的空间”，为什么还要对孩子生气呢？如果孩子只能回答“好”，又何必要看似民主地多此一问？**

教养者不是来讨好孩子的，直接明确的叙述，并不代表要颐指气使。

我身旁的亲友和Jivan说话时，也会不经意地犯了这种**温柔的“假民主”**，例如：他们会在带Jivan去便利商店看玩具，要走的时候说：“把车子放好喽，我们走喽！好不好？”或者是在妈妈叫吃饭的时候说：“阿姨先把饼干收起来，吃饱再吃，好不好？”如果是比较熟的亲友，几次这般“好吗好吗”的温柔之后，到了紧要关头，我就会忍不住表示：**“如果这个是你当下希望Jivan做到的，就直接说，没关系。现在就是要走了，没有好不好；吃饭前就是不能吃饼干，没有好不好。”亲友们想讨孩子喜欢，但教养者是要建立孩子的生活习惯与原则，适度的尊重孩子是必要的，但也正因为是孩子，所以才需要大人的引导，孩子若是全盘都自己做主，随心所欲，只会养出骄纵、无分寸和纪律的孩子。**

假若现在，你真的“希望”孩子做到某事，就别在为了讨好或其他原因，在“直接陈述”的最后加上“好不好”。**有些事情，是一定要规范孩子的，也需要孩子合作的话，请清楚并坚定地表态，展现教养者前后言行的“一**

致性”，帮助他们逐渐社会化的一环。

语气平稳地表示：“宝贝，时间到了，我们走吧！”“请你把饭吃完，要珍惜食物。”“你已经很多车了，我们这次不买哦（不加下次再买好不好）！”多次后，也明确用“妈妈再说一次，请你去穿鞋”取代“拜托你去穿鞋好不好”。

样样都要问孩子的意见，不代表那就是尊重孩子，直接陈述的语句，如“故事书看完请放回书柜，保持环境整齐”“时间到了，我们走吧”……也不是专制武断或不够温柔的说话方式，而是在教养的过程中，让孩子明白“规则”而生出安全感，不至于因试探而误触禁地；几次后便学会什么时间点就该做什么事，什么场合应该有什么规矩。**我是你的母亲，我就不能让你为所欲为，坚守原则，不宠爱、不溺爱。在规范的过程中不尽然是愉悦的，但了解规范才能展现真正的和谐，总想讨好只会坏了双方的情绪，责无旁贷的苦心教养功败垂成。**

倘若是真的没有什么急迫性或必要性，再真真正正放手给孩子**“做选择、为选择负责”**的机会，例如：去哪个公园、买哪个玩具、吃哪种食物、学什么才艺，等等，相信也尊重他的所选，并鼓励他坚持到底。教养者心中要有一把尺，在问孩子以前先想想，自己心里是不是已经有答案了，或是孩子的选择是否会影响到接下来要做的事，如果有，就用平实的语气给孩子明确的指示，如果没有，就让孩子学习为自己做选择。反而是“好不好”的“假民主”，会使得孩子觉得大人怎么老是出尔反尔，让我选了还一秒发脾气，我选了“不好”后，为什么你还要逼我！接下来的拉扯与哭闹便可想而知，那大人看似“尊重”的“美意”，反倒“污名”了自己，变成“不讲理”的大人。

慎给选择时机，才能展现民主气度！

我一直提醒自己，在“开放”与“原则”间，拿捏给学生和Jivan做选择的时机，什么事情绝对不能被踩底线，**既不能太“权威”，也不能失去“威信”，必要时还要展现“我虽然不太满意你的选择，但我尊重你的决定”的态度。**

以带班来说，开学之初一定会订立班规，我会先让学生知道，学校有哪些规矩，是一定不能打破和逾矩的，这是“设限”，稳固原则。再和学生讨论，身为学生应该守的本分，引导出孩子正确的学习态度，由他们自己说出口，跟从我口中说出来，是很不一样的，当孩子自己明白且心知肚明的时候，他们自发性遵守的意愿也相对高。接着，才与学生讨论，“既然都知道校规了，也明白学生到校学习应拥有什么样的态度了，那，我们班要订立什么班规呢？”这时候，开放学生自由发挥，展现民主的内涵，他们想出来了规则，因为是在了解界线与原则后进行，也不至于太过荒腔走板，而我也不用当黑脸，这个不可以、那个不行地制止孩子，搞得好像变相专制一样。

这样执行，与教师直接为班级设立班规相比之下，的确耗时又费工；

然而，学期一开始，师生之间就踏出互信的第一步，适度地下放权责，彼此畅通地交流，整个学年的班级气氛也会融洽，因为学生知道，自己的声音与意见是能够被聆听的，他同样拥有表达的权利。

这不一定表示我带的班级，一整年都是顺顺利利地过，但是，有个很重要的领导原则：**带班要带心，交谈要交心，有规范，孩子的心就会稳；有民主，孩子就学会尊重**。

“手机。”一进班，我的一声“命令”已经简短到变成提醒，因为有所共识，全部的学生都会检查自己是否确实把手机放进手机柜了，这是他们学期初自己想出来的，上课钟声一响，手机放柜子里，这样可以避免上课偷偷想看的欲望。

“你要自己收，还是需要我帮忙？”如果真的侥幸，被我发现没有放到手机柜后，我会展现限度内的“弹性”，给学生一个机会选择：要自己管好自己不再忘记，或者把手机放到我这里，由我代为保管，把“引诱犯罪”的物品消除，等下课再拿。真的会有学生选择后者，甘愿默默地交给我，他知道自己理亏，也知道我是来协助他学习的，而不是惩罚。若是一犯再犯，把教师给的尊重与信任当随便的话，就必须再次重申底线，询问学生：“看来上课铃声响起，还不足以让你记得把手机收好，那你觉得要怎么做，你才能管好自己使用手机的时机？”必要时，深入了解他是否有其他难以排除的障碍。

家庭中也是如此，教养者要为学龄前的孩子建立生活规矩，就会有许多时候，必须直接下令。**有经历过“明确的设限经验”的孩子，有助于“自**

律”的养成。“睡觉时间！”就上床，时间到了收玩具，饭前洗手饭后漱口，出门手牵紧……要让孩子有健康的身心，安全成长，势必需要**教养者先协助孩子建立规律的生活习惯，从平日的生活互动中，带入规范，从过往经验里的“可预测性”**（下一步会是什么），**逐渐稳定孩子外显的行为**。

当小小孩子，透过教养者明确且温柔坚定的陈述，并解释原因，了解到这个世界的运作方式，他对周遭的事物就有了一定的掌握度，因为有些习惯是无论环境如何变动，习惯依旧照着孩子养成的模式进行，譬如，外出旅游，睡眠时间到了，即便认床或不熟悉，他也能告诉自己：“现在是身体要休息的时间了，我必须养足体力，明天继续玩。”这就是孩子建立良好的生活规矩，而同时又因自身对规律的“可掌握性”，产生足够的安全感。从亲子日常琐碎的互动经验，教养者心中的那把既要坚定又要适度展现民主的量尺，要教出不逾矩、有规矩，并在限度之内能为自己做选择的孩子，“好不好、要不要”的封闭问句就要注意使用时机。

教养者有一部分和领导者雷同，而我们的气度，从调整自己表达的方式开始。先过滤出什么是你想要为孩子建立起的生活准则，该要孩子遵守并合作的，便修正说话的方式，温和不带冲突的反复与等待，日久，你会发现，你的苦心坚持，能温润出一位不无理取闹也不无所适从的孩子。

当然，有许多状况是，教养者直接陈述了希望孩子做到的事，但孩子的配合度极低。

“Jivan，请过来，妈妈有话对你说。”已经不使用“宝贝，过来好不好”那种近乎请求的问句，好像我请孩子过来还要询问他的意见以示尊重那样了，Jivan依旧是三催四请请不来，若是我刻意走近孩子，但保持一点距离，仍希望他是自己“走过来”，然后更清楚地看着他说：“宝贝，请你先放下玩具，现在过来妈妈这里！”他反而会更故意地躲开视线，跑得远远的，一副他有听到但是他不想做到的淘气模样，那种时刻，要我心平气和地“走”到他面前，耐着性子把原本要说的事情好好地说，真的是很考验啊！我就有一两次气呼呼地“冲”到Jivan面前，双手抓住他的肩膀，“妈妈在叫你，你没听到吗！”原本要和孩子说的事情根本也无法再谈了。可是，没过几秒，我就觉得自己好愚蠢，就是确定有听到我在叫他，所以他才窃笑躲起来啊！他已经感受到妈妈“心里有事”，而且是他不喜欢的事，要找他来跟前说，他的“落跑”表现就是“拒绝”和妈妈谈。

又或者，请孩子去把鞋穿好，准备要出门了！但孩子并不打算马上放下手边的游戏，听父母的指示去把穿鞋好，不得已之下又一直喊：“快点快点！我在叫你，你没听到吗！”收拾玩具、上床睡觉、终止游戏等等，诸如此类需要孩子听取命令以顺利进行下一个活动的事件，都有可能发生教养者已经使用“陈述句”，但孩子仍然不配合的情况。

“命令”，是具有正当权威的人所下的特定或日常指示，听起来可能过于一板一眼，但成长中的孩子，的确需要教养者替孩子澄清生活中的规范，当然，语气绝对不能粗暴。但其实，**教养者也可以与孩子建立一套“默契”，把“命令”变“指令”，有标准作业手续，每个步骤都和孩子练习过，以利**

深植于大脑中，像是要出门前一晚就预告，开心地和孩子一边挑选明天要穿的衣服（具选择的机会），一边告诉孩子："明天早上吃完馒头，把盘子放水槽，宝贝就赶紧来拿你选好的这件蓝色的外套穿，然后呢？对！然后再拿鞋子穿哦！妈妈要收拾包包。"还可以再反问孩子，以确定孩子明白："宝贝，明天吃完馒头后，要做什么呢？"如果是更年幼、还无法自理的孩子，让他熟悉教养者出门的SOP（Standard Operation Procedure，标准操作程序），也将有助稳定孩子的心及未来习惯的养成。

两三岁的Jivan，出门的准备速度算快的，即便在家的游戏被中断也不至于发生暴走的情形，是因为从小他就是自己准备外出包，他可以选几样自己喜欢的玩具放入包包，有时甚至是他原本在家就在玩的小东西，让他有种"游戏仍持续"的感受，他乐于准备自己的包包，而这时的孩子其实已经抽离了沉浸的状态。出门后，即使想玩的玩具没带到，他也能明白是他出门前的"选择"造成的，不会无理取闹。

当然，也有发生过他不配合的状况，于是我就彻底执行不出门的"后果"，只需要一两次，孩子就知道是"来真的"，妈妈不是吓吓他而已，"言出必行"加上"温柔陪伴但不妥协的坚持"，就明白外出前准备程序的重要性了，"哦哦哦！妈妈去拿鞋了，我也要赶快穿鞋才是！"展现默契，让孩子学习自己提醒自己。

明明已经好好陈述"希望孩子配合的事"了，怎么又会不小心失控，搞僵气氛？教养者先想想，为什么孩子不配合，我们要暴走？

其实，当教养者一接收到孩子“不”的回应，会出现负面的情绪反应，是正常的事，但最大的差别，在于情绪出现后的下一步，我们是否有意识到：**自己强烈的情绪反应，已经开启了孩子防御的机制，而当亲子间和谐的平衡状态已经破坏，孩子的行为就会更不尽如人意！**

当压力来临时，大脑绝对会受到影响，特别是那些无法掌握、不如预期的人事物，譬如，总是不合作的孩子，就会使得教养者脑中的前额叶皮质区的运作停摆，思考产生固着且无法变通。这时候的大脑就会处于“低层次处理模式”，也就是我们可能会因为孩子不配合，事情发展得不如想象中美好，进而下一秒瞬间发脾气、骂人、不理性的言行出现，即常听到的“理智线断了”的状态。

相对于“低层次处理模式”，当前额叶皮质区运作正常，接收到信息后的思考方式具有变通性和理智，就是“高层次处理模式”，这能让我们营造温馨、有爱的亲子关系，人际互动亦同理。①

所以，假若教养者想要孩子顺利收拾好东西回家，就要先在双方还没有情绪波动的时候，先进行“情感”的连接，和谐顺畅的沟通才能产生；教养者在大脑还没被刺激前，运用“高层次处理模式”去理解孩子的心理感受，停下几秒先观察孩子一下，“他好投入地在玩车子呢！我现在打断他他一定会不开心，那我先好好地预告孩子吧！”“宝贝，你很喜欢玩车子吧，这里的车子好酷哦！那我们再玩十分钟，十分钟后妈妈会叫你，你就把车子放回原本的位置，我们去搭真的大车子回家哦！”这时候，有可能孩子会开始哭，教养者可以强调：“你现在还可以玩哦！但是如果现在哭就没时间玩了，你是要哭，还是要把握时间玩？”

通常这样给孩子选择权，孩子就会缓和情绪，赶紧去玩，而他也明白即将会发生的事情而心里有所准备。

大脑中的“镜像神经元”，拥有辨识他人心理，从而做出反应的能力；所以，生理上发展成熟的大人，应该要具备“解读”孩子外在表象与内心所想的能力，调整自己收到信息后处理的习惯，把封闭、固着、缺乏同理心的“低层次处理模式”，有意识地改成弹性、正向、全面的“高层次处理模式”，活化大脑的前额叶皮质，努力在亲子互动之间找到彼此的“连接”，并且控制好情绪。也就是说，思考模式是可以改变的，但需要强烈的自觉。

真正要尊重孩子，就先从“停、看、听”开始做起，“停”下自己手边的动作，“看”看孩子、解读心理，需要孩子做到的事情简明陈述后，若孩子情绪产生起伏，“听”听他的想法和想要什么。以前面举的父亲、奶奶要女孩吃饭的例子，不说“好不好”后，教养者可以修正成，“**先同理→再提醒规则→万一与后果→**（请）**正确做法/要求**”，“女儿看起来好累哦，爸爸知道你睡觉的时间到了，已经很想睡觉了！那，我喂你吃完这一口，就抱着你睡哦！不然睡醒后会肚子饿，我们又要搭捷运回家，但你知道捷运上规定不能吃东西的。来吧！请张开嘴巴，啊嘛——”

人人都渴望被同理对待，教养者说的话，是在“读懂”孩子后进行“沟通”，透过不断重复的引导、一点点的提醒，使亲子之间的合作流畅进行；平日，教养者要慎选时机展现民主气度，但在帮助孩子建立生活规矩时，用坚定温柔的陈述句，设下明确的限度与规范，让孩子有可掌握、可预期的心理准备，降低主导情绪的杏仁核爆发的可能性，让孩子的身心发展，在较少波动和刺激状态下，平稳成长。

---

① 深入了解大脑高低层次路径（处理模式），可参见Daneiel J. Siegel, M. D.和Mary Hartzell, M. Ed.著（李昂译）的《不是孩子不乖，是父母不懂》一书。

以延续对话和爱的互动为首务，开启孩子无限的想象

母亲来访的时候，带宝贝孙Jivan去猫空坐缆车，有了那次经验之后，凡是他看到高高的电线塔和绵长的电缆线，他就会兴奋地大声说：“这是缆车开的！”或是问：“妈妈！缆车要去哪里呢？”

起初，因为大多的情况都是坐在车里，沿着快速道路瞥见侧排空旷河滨一座又一座的电线塔，所以他在后座这么惊呼时，我还以为是孩子发音不够字正腔圆，根本没联想到他想表达的是外婆带他去坐的缆车，总心想Jivan是看见大型“游览车”开过吧！但怎么说“游览车”时老是掉了一个“游”字？

当时，我还真的会一直寻找车道里是否有游览车驶过，想要继续和他聊下去，就算压根没看到车，我仍会说：“哇！游览车很大吧！你眼力真锐利，发现好多妈妈来不及看到的东西！”或是，“游览车吗？那你觉得它要开去哪里呢？”孩子第一时间将所见、所感的分享给身边的母亲，而我当下虽然没办法“验证”他所说的是否属实，更无法回应他的疑惑，但我依旧赞许他那“美好的好奇与发现”，有时不过只是把问题重复，抛回去给Jivan以核对信息；然而，**光是持续让亲子间的对话是“开放”的态度，就**

已经能够与孩子创造最真诚的交流与互动。

对话开放的状态是什么呢？再举一个Jivan与我聊天的例子。

某天下班我牵着他走着，经过骑楼脚踏车店面时，Jivan问："妈妈！那里面的安全帽是做什么的呢？"

我回他："啊！你看到好多安全帽在里面吗？"

"是，安全帽挂那么高要做什么呢？"

我说："是老板要卖的啊！挂得高就看得很清楚了吧。"

话还在进行，我们的脚步也没停下来，转了个弯，左手边骑楼的店面变成了托婴中心，Jivan发挥他类比的精神，义正辞严地指着说："这里是卖baby的！"

啊！这样"类推"是很有道理，但在人道上肯定说不通！我心里憋着笑，觉得他的思考逻辑蛮不错的嘛，甚是直率可爱，于是也没否定他，继续追根究底下去："啊！卖baby的啊？那要卖给谁呢？"

他说："卖给baby的爸爸妈妈！"

"哦！所以是在等他们的爸爸妈妈来接喽？"

"是！"Jivan已经转头又继续观察路上的其他事物，下一秒又跟我介绍"大王椰子树"，好像刚才自己"一楼托婴中心店面里的baby是要卖的"的说辞已经云淡风轻了。

我做的，正是在我与两岁学话儿的Jivan之间，**创造一个稳定、持续、和谐的对话"场域"，在这个流动的场域**（空间）**中，重点并不是知识或说话用词的正确性，所以我鲜少纠正孩子认知上的错误，而是保持对话的延**

续，在语言的互动中，使孩子感到被爱、被重视，他能够自信地“表达”，同时搭建他的学习类比鹰架，不因为绝对的对错而停止思考或不敢延伸他的类推网络。

我什么时候才惊觉，Jivan每次看到便指着说“缆车”的电缆线不是路面上的“游览车”呢？为什么孩子有时会指着跌宕的山峦问我：“缆车会在上面吗？”而我实在想不通那山又没有路，怎么会有“游览车”开过呢？Jivan一次又一次地和我分享他的发现，好奇的双眼总是不停地观察。奇怪，身为教养者的我怎么都摸不着头绪，但秉持着**“保持亲子对话空间的开放与流动”**，我还是没说“不对！游览车不走上面”“不是哦，没有游览车开过去”这样否定或纠正的话。因为，当我保持与孩子间对话的往来，正体现了“发球与回击”的互动内涵（见第134页）。

就在一天傍晚，我和他沿着河滨骑脚踏车，他停了下来，再次告诉我：“那是缆车开的！”同时眼光望向一座又一座的电线塔，我才知道，才不是什么马路上的游览车，而是外婆带他去搭的猫缆啊！

我向他核对所说的：“你说的是缆车在上面的线开吗？”我疑惑地指着半空中的电线。

“在上面！开到这边，还有那边！”Jivan兴奋地指着电线塔，沿着电缆线画出一个弧度，再指到下一座电线塔。

我低下身子，顺着他的视角望向手指的那些大发现：“你觉得这跟你坐过的缆车很像吗？”

“是！还有外婆、小姨！”

“宝贝跟外婆和小姨一起坐缆车到动物园吗？”

“嗯！缆车可以开好高、好长！”

“你不会怕好高好高吗？”

“不会，外婆会……”

孩子天马行空着，领着我层层剥开他心中的健达出奇蛋一般；我看着那脸庞莞尔了，内心像是远离了尘世喧嚣，有一阵暖风吹拂过一亩油绿的稻田。

河滨公园的夕阳绚丽，染了满天际线的黄澄橘亮，但我眼里最动人的风景，**是孩子发光的眼睛和丰富且天真大胆的类推能力，是彼此相印的心，是我们母子之间流动的、满溢的爱与对话。**

假如，我不是站在肯定他观察、分享、愿意与我对话的立场，与孩子真诚互动，以和谐稳定的说话方式，保持一来一往的对话，而是针对他说出来的话，站在纠正与指导者的位置，急着以知识为主而给出我认为正确或唯一的答案，那么，可能我无法等到Jivan指的电缆线原来是缆车线，缆车也不是游览车那一刻。**因为他早就在无数次的被纠正中，失去了与我进行类似对话的动力，他再也不提“缆车”，并不是他不想知道，而是当我们彼此对事物的认知有落差，孩子与我们的对话无法达到“发球与回击”的互动时，导致他只是不断地接收“错！不是”！那么，教养者不但无法透过对话的互动，为亲子间留下珍贵的记忆，也难以强化孩子持续觉察的能力。**

在《对话的力量》一书中，介绍心理学上称为“attunement”的用语，主要的意思是：**专注和谐地与孩子对话，孩子也会接收到相同的频率，便会“同步化”，也更容易展现“宁静”与“专注”**。对于一位正在牙牙学语、认识世界的两岁孩子而言，固有知识的定律、非黑即白的对错，并不是教养者或引导者关切的重心，除非是道德或行为上的偏差，需要立即性的修正，否则，我们不需要马上回“不是哦！那不叫〇〇〇，那是×××”。说错了有什么关系？孩子的认知会随着年龄逐渐发展至成熟，哪些东西叫什么名字、那个物品做什么用才对，绝对不是营造一场专注和谐的亲子对话会出现的内容。

孩子主动与我们分享、谈话，我们除了要用心倾听，更要在真的听不懂的时候，依旧展现“我想知道、妈妈听你说”的真诚。我当然也没办法听懂每一句话、每个词汇，特别是我回归职场后，生活不再那样时时刻刻紧密，我们一天有好几个小时是各自体验日子的。但是，只要我有任何听不懂的地方，我会这样回应，以下分享两个我能够持续与两岁孩子对话的方法：

一、重复孩子的话

孩子如果是问句还好，把问题修正后抛回去，通常他们都会有想法。比较难持续聊下去的反而是“陈述句”，像是“我的车子可以跑很快哦”“妈妈！我刚刚打到一只蚊子”！许多人会脱口而出“好棒！真的吗”！这种类似称赞的话，以为这样就是对孩子有所回应，但是，这样较难传递温度，也难以增强孩子探索的动机。其实，只要谨记在心，孩子是想与亲爱的你有所连接，所以兴高采烈地跑来跟你分享，那么，你专注看着他说："哇！你这台车子可以开很快很快，像赛车一样啊！""哇塞！你很用力地打到蚊子了啊！"如此重复孩子的话，或是同样的句子再加上一两种形容词，便已给予他最大的鼓励和肯定，我们专注聆听后再修正、加强一些字眼输出，就是展现我们对该事件最大的"好奇心"了。

当然，孩子说出的句子出现明显错误的时候，譬如："妈妈！我看到两'个'大象了！"也不用纠正他说："是两'只'大象吧！"只要在重复的时候，我们帮孩子把正确的用法说出来，"哇！你看到两'只'大象了啊！"如此，就是一种潜移默化的学习了。

孩子的陈述句是想让你知道他正有感的事物，他其实就是来讨"爱"的，有时在你重复后（不管他说出来的这句话有没有道理），他自己反而会继续接着说下去，甚至编出一则在他的小宇宙发生或想象的故事，等说到某一个关键字词的时候，你就会明白他的意思，而你们也进行了一连串的对话了呢！

我和Jivan躺在床上酝酿睡眠，就是他发挥想象力的时候了！昏暗的房间里有着一双发亮的眼睛，他总是以"我们来聊天吧"或是"我们今天……"开头，你来我往，一直聊到妈妈我真的敌不过睡意，求饶孩子让我赶快休息嘛！

二、开放问句

学说话的孩子，即便不是仓颉在造字，也算是天外飞来一笔的造词专家了。尤其是三四种语言并进的Jivan，常会出现不同语言"混搭"的状况，我的荷兰文又不太好，有时还会反应不过来他在讲哪国语言、句子中有几种语言穿插，以至于无法完全听懂他的意思是常有的事。

难道不完全听懂就不能有互动了吗？这个现象出现时，我最常听到大人反问："你在说什么？再说一次！"或是，"你说什么妈妈听不懂啊！"试想，学语的孩子，会在你说听不懂的时候找到别的语汇代替吗？或者孩子有办法解释他要表达的意思吗？他再重复说一次，也许我们可以更认真仔细地听，然后猜到孩子想说的，但不免还是会有"无论孩子说几次我们都有听，但是没有听懂"的时候发生。一样的话重复说，人人都有失去耐心的时候，孩子第一时间想告诉你的雀跃感也会随之消失，就像我们会感到对牛弹琴的时候皱着眉头说："唉，算了！算了！"

这时候，专注的眼神、和谐的气氛，以开放问句，像是："怎么啦？""那你的想法呢？""这样啊！那你还要告诉我什么呢？"就会在孩子不感失落的情况下，更用力、专心地与你说话了！而这时，我们也能够趁机观察，或是在接下来的互动中，理出头绪，原来孩子是要告诉我们这件事啊！

Jivan是个喜爱发问的孩子，大约在一岁半的时候，已经能无误指着说"起重机""土地公庙""佳冬树"等旁人觉得不是一岁多的孩子普遍能懂得的词汇；两岁初，有天在吃完红豆饼的馅后，捏着外皮问："奇怪！怎么没有'红豆生南国'了呢？"逗得大家笑呵呵。

有一阵子，两岁多的他很喜欢重复告诉我这个故事……"大野狼是好人，我们一起把它搬到有引擎的船上，它要去花市买草莓，它是好人，也买了花送给我们，因为它要谢谢我们的帮忙。”虽然我不清楚，从没念给他听过《大野狼与小红帽》的他，怎么会出现“大野狼”的角色，但我和Ra很确定，Jivan的思考除了具前后连贯之逻辑外，他也能跳脱框架，让想象力驰骋，并且清楚地表达。

与其说他喜欢把所想、所感、所见及时与我们分享，倒不如说是**他在如此充满和谐爱意的互动过程中，感到“我的想法也是被重视、被聆听的”，进而向内挖掘自我，向外探索世界**。我与先生都秉持着将孩子视为一位“人”来看，从不因为他是婴孩，就对他使用可爱或叠字的“婴儿语”，使得Jivan一能够输出话语时，就已是成人社会的用词了。如此，省去了孩子学话，还要再经过婴儿语过渡到正常用语的转换，思维与表达的发展，当然也因父母对孩子说话的方式而显得较为成熟。

美国哲学和教育家杜威说：“教育不是一件告诉与被告诉的事情，而是一件主动的、建设的历程。”

只要懂得这句话的道理，就能够将我们与孩子对话的重心，从告诉孩子该事物的正确名称，转移到持续且强化孩子观察与想象的能力，同时，也创造了亲子间让爱交流的场域。

无条件的爱养出执行力的孩子：具体称赞，肯定历程

周末早餐过后，我们一家散步去设有供孩子攀爬的木制游乐设施的小学操场，这是我们第二次带Jivan去，那里有绳索、平衡木、吊挂轮胎、一脚踩一个小柱子前进的桥等，还会晃动，之前Jivan连试都不敢试。这天，我们想说就散步去看看，Jivan这阵子靠骑脚踏车，已经发展出双侧协调与平衡感，搞不好这次他会觉得刺激有趣。

Jivan对于新事物，会保持着先观察的心态，没把握的事，他会先从旁研究，不是一看到就伸手去碰触或把玩，如果做起来有点怕怕的，不同于爱冒险与尝试新事物的我和Ra，总是先试试看再说，Jivan会再度停下来思考，看看其他在玩的孩子，一看就是一二十分钟，还会一边跟着游戏中的孩子笑；所以，每当一到陌生的游乐区，他不是兴奋地冲上前去，而是专注地站在旁边看，直到他确定自己怎么玩才会稳稳的，才会开始享受，尽情放胆跑跳。显然，这孩子个性比较谨慎，他不是不愿意挑战，也并非懦弱却步，而是在踏出他的第一步前，需要完整的思而后动，靠着掌握环境，以建立信心。

"宝贝，如果你想玩的话，你可以去哦！爸爸妈妈在这儿。"鼓励孩子

尝试，但别变成孩子的压力，若马上推着孩子上前，“去啊！快去玩玩看啊！”不了解孩子内心的感受，或可能孩子正在努力消弭内心对新事物的防御感，但父母却无法等待，觉得孩子“就是这样啊，老是畏畏缩缩的”，亲子间就会出现没有连接的鼓励，不但难以传递力量给孩子，更会出现排斥去做的反效果。孩子准备好了，他会让我们知道。

大约过了五分钟，看完一轮其他孩子怎么玩各项器材之后，Jivan说：“妈妈，你陪我去，好吗？”

孩子“依附”的现象，是先天就存在于脑中的，根据“依附理论”（Attachment Theory）的重要原则，是孩子需要与至少一名主要教养者发展出亲近的关系，个体之间发展出感情的纽带，其互动的品质，又以“安全型依附”最能带来幸福感。宝宝出生后，天生就会寻求与照顾者的亲密感，需要知道自己拥有一座来自父母的安全堡垒，伤心的时候有人抱在怀里，发出需求的信号时教养者能正确地解读，这样同频同调的连接，创造出安全感，让孩子得以健康成长，对探求外在的世界保持好奇。心理学家进一步指出，成长过程中的依附关系，会影响长大后的恋爱态度，会不会抓太紧、爱太深，夺命连环询问另一半的行踪等问题的源头，都来自于婴幼儿时期的“依附”状态。

因此，**孩子就算知道没什么好怕的，或者其实孩子根本不是因为害怕，他还是渴望能被理解、被保护**。可惜，常见的现象是，孩子不肯往前一步，父母就会失去耐心，“有什么好怕的！快点去啊！”“不玩的话，那走吧！”一说走的时候，孩子又高兴地在原地跳，父母作势离开，孩子一急便放声喊着："我不要走！"亲子间好像一个向左走，一个向右走，没有共鸣的状态便加剧了疏离感。我到现在都还记得，八岁的自己不好意思独自上前投许愿池的钱币，母亲催促的那句话："连这个也不敢！"转头离去。虽然已经忘了自己为什么不敢一个人去，可是为什么母亲不牵着我的手走到池边，亲近地看着我完成投掷呢？父母似乎在下最后通牒："你不做，我就走！"当时我要的只是陪伴，我还是想自己做的，母亲一走，孩子本能会哭着赶紧追上去，本来既期待又怕受伤害的第一次许愿经验，就只剩下手中握着的钱币。

"快点啊！快去啊！"很熟悉吧，我们不只常听到别人说，自己也常说，有孩子之后，更是每天都在说。孩子动作本来就没有大人利落，熟稔度也不比大人，对外在世界的认知正在起步而已，硬是要孩子遵循大人的步调，孩子会感到焦虑，一焦虑就更无法好好做，达不到大人的期待，有些孩子甚至会因此变得"被动"。所以，"快一点"只会陡增孩子心中的压力。父母在旁边干着急，但在孩子的小小世界里，自己的速度没什么不正常的啊！

急起来的父母，便会脱口而出不快一点，即将会有什么事发生，"快点去玩啊，不去我们走喽！""快一点啊！你要当最后一名吗？""快来，不然你就自己洗澡！"

如果是自己听到这样的话，会是什么感觉？心理上会感到被束缚，好像有什么东西沉重地抑制住，时不时还会出现无名火，对被催促要做的事件生厌，对催促自己的人厌烦。孩子也是，**他们的心感到压力、压抑，自**

在感、自我掌控感消失，感受到的就是来自教养者“有条件的爱”，好像自己并不是无时无刻被认同、被爱，那种“不被认同”的缺憾将伴随孩子成长，造成“自我认同”的困难，可能成为一位毕生都在苦苦追求上司、另一半、朋友的认同而扭曲真实的自己；可能变成一位情感自私的人，因为他不确定自己的付出能不能受到同理的对待；也可能成为一颗社会上的未爆弹，一遭受挫折就觉得整个世界都不在他这一边。

爱，对那样的人来说，并不是无条件的。

婴儿的大脑基础结构与遗传基因有关，在出生时已形成，但是各种功能的连接还不够成熟，出生的前三年，靠着“与教养者的互动”，那些神经元连接会大量地增加，产生一套错综复杂的“神经回路”，这些回路让人们得以思考与感受，对于外在的信息，要如何处理或反应，所以，三**岁前打基础，决定日后回应外界的模式**。

教养者若能与婴儿建立良好的亲子依附关系，累积正向的成长经验，孩子会因为无条件的爱而充满安全感，因为，感到被生命中的“重要他人”理解，对孩子而言是意义重大的，所以，**不说“快一点”，用“耐心”换取孩子的“信心”，用“等待”激发孩子“自我执行力”**。

我们看孩子的眼神，对待孩子的方式，就是孩子建构“自我认知”的依据，在这个世界中，他将如何定位自己。

我和Ra陪Jivan站在游戏区旁观看，也明确告知他想玩随时可以去，像是一股稳定人心的力量，耐心安静地等Jivan累积“自己可以开始试试看了”的自信心，也等出孩子能够亲自行动的“执行力”。

现代社会认为，执行力就是竞争力；一件人人觉得困难的事，有执行力的人起而行，不断创新、错中学、进步；还没做就担心做不到的人，最终还是在原地打转，因而“执行”会逐渐拉开成就高低的距离。放胆去做，如何不显得鲁莽、只是匹夫之勇的傻劲？要如何培养孩子的执行力呢？执行力包含“目标设定”“评估可行性”等复杂的思维能力，有两点是可以引导学龄前孩子养成习惯的：

第一，孩子行动前，多一个步骤：花时间思考与观察。

Jivan谨慎，先观察再决定的个性，做父母的能因了解而不下最后通牒，不老是满心期待孩子能马上尝试大人自己觉得好玩的事物，别说：“快点上来啊！这个滑梯超长的，很好玩哦，上来啊！快”“不玩吗？这不可怕啦！不玩我们就去别的地方了哦”之类的话；再多和孩子多讨论，像是：“妈妈很好奇哦，为什么你后来决定要这样做了呢？”如此让孩子自我了解，也确保孩子不会冲动行事。

第二，“放大”孩子手中仍握有的“筹码”，懂得看见自己的好。

冰淇淋球掉了，“你看！卷筒里还有哦，自己保护好不要再掉喽！”零嘴剩两颗了，“还有两颗哦，还可以吃两天，这两天我们再找时间去买。”牛奶打翻的时候，告知“打翻了就没有了，等等拿布擦。看！瓶子里还有一半哟，好好拿，慢慢喝哦”！

领着孩子看见杯中的水，而不是还没斟满的杯子；如此一来，孩子看待事物的眼光将有更多美好，累积正面的自我的评价，保持务实的态度，不好高骛远也不至于自怨自艾，懂得用所拥有的去开创和计划，而不是老是抱怨、只看见自己缺少的，然后总是无法起而行。

“好啊！妈妈跟你走过去。”我陪走到他选择的第一个设施旁，起初，他边玩边思考手要抓哪里，什么时候出脚才不会跌倒，不时抬头确认我的眼神，“慢慢来，踩稳再走，虽然有点害怕，可是宝贝你已经从第一根柱子，走到第三根了哦，妈妈看见你很努力，超级专心地要保持平衡！相信自己的感觉很棒吧！”

适度地赞美孩子，可是别流于只空泛的说“好棒哦”“好聪明哦”“太厉害了”“真乖”！**孩子努力的过程，需要父母“具体”的肯定，空泛的赞美言词，会让孩子逐渐变成以“结果论”来论成败。**“如果我没办法做到好，得不到赞美，那我宁可不要做，不去做至少不会失败”；结果论另外一种“后遗症”，是孩子会“倾向选择简单的任务做，因为简单的可以做得好，能够得到肯定，比起挑战可能导致的失败，他们将变得保守”。那样的孩子需要从外界听到赞美自己好聪明、好厉害的声音，而不是自我肯定。已经有研究指出，**若能看见孩子努力的过程，肯定孩子的付出，而不是以天赋**（如聪明才智）**或成败论断，便能培养出孩子“努力挑战看看，不断学习以求精进”的心态，拥有挫折忍受度，不因挫败而放弃。**

我们都太习惯“空泛”的称赞，几乎不假思考就说出口，因而，如何赞美孩子是需要练习的。孩子和父母一同采买拿东西、开关门、洗汤匙、配对洗好的袜子，等等，其实不太需要说："哇！好棒，怎么这么厉害！"因为是家务，便要从小养成一起出份心力的观念，不是为了得到赞美而做，这时候，一句"谢谢你哦"的温暖力量，就足以让孩子更愿意且主动地动手和父母一起做，若是能再更具体地说出孩子用心做的部分，像是"哇，你真是大力士，肌肉越来越强了""真是好眼力，一下就找到袜子的另一只了""你好贴心，发现妈妈抱妹妹，没有手开门"……真心的感谢，再加上具体的描述，孩子的心里必定充满幸福，并且很愿意持续付出。

由一根一根木头绑成的桥，Jivan掉下来了两次，又站上去继续走完。看着他挑战成功，本来战战兢兢的孩子，没多久就透过成功经验的累积，变回活泼的野孩子，跳上跳下的。后来，他突然想一口气跑完平衡木，跑到剩下两三步的地方，左脚绊到旁边吊住平衡木的绳子，飞扑式地摔了出去，撞到下巴，牙齿咬伤嘴唇，流血了。

他先是定格一两秒，有点尴尬，第一次过度自信本想显摆的，没想到出糗了，然后才感到痛，跑向目睹全程的我讨抱，不一会儿觉得不够，又跑到Ra那边讨抱。我们都没有说："你不应该在平衡木上跑。"Ra只问："哪里痛？哦，抱抱吧！"

我问Jivan："宝贝，可以在平衡木上跑吗？下次还要跑吗？"Jivan可能以为自己一跑就跌倒了，一定是不被允许，是他调皮捣蛋的"后果"，于是摇摇头表示"不可以，不跑了"。我说："这里是小朋友游戏的地方，地板

上有安全的垫子，如果你想再挑战，等你准备好，就可以再试试哦！”他有点疑惑地看着我，我抱着他给他点力量，接着说：“妈妈刚刚看到你非常勇敢地往前跑，平衡感超稳的，真的，只差一点点就要到最后了，只是后来弄到旁边的绳子才跌倒的，所以啊，我相信不是你没办法，只是没注意到而已。等你不怕了，下次记得，我们把脚收进来一点，很小心，像走线一样直直地往前走，没准就成功了哦！”把孩子的尝试历程，用具体称赞说出来。

虽然后来，Jivan没有想要再在平衡木上跑的念头，但至少，他放胆一试的那一次是被肯定的，也释怀疼痛，这次的受伤没有让他却步，他还是愿意踩在上头玩。

就荷兰公婆分享三个孩子们的成长经验，他们真的很不怕麻烦，不讲速成，总是在整个过程中用心陪伴，享受当下；一起搭帐篷、一起捡树枝、一起生火，围坐在一起等食物熟；没有爸爸搭帐篷，妈妈煮饭，小孩一旁玩的道理。花园里盖的鸟屋，是父子散步去挑选样式和木板，两人研究说明书一起盖成的，所以Ra从小就是手很巧、爱动脑组装的男孩。每次回荷兰，Ra特别享受和公公并肩洗碗，**重点不是把碗洗好，而是一起做时，两人的互动交流，享受亲子之情。**Ra说："大了之后每次洗碗，都会想起小时候站在椅子上和爸爸一起的感觉，很温馨。"

正因为父母重视陪伴着孩子参与全程，孩子会看见进步的脉络，事物逐步成形的模样，知道一个地方错了，再重新修正就好，虽然可能盖出来的鸟屋有点歪斜，本来一天可以完成的变成三天才做得完，但这样做，孩子会很具象地明白"所有的付出不是徒劳无功""先耕耘才有收获"，而没有了海市蜃楼的眼光，孩子知道努力是可以被看见的，于是会不断地精益求精，这是他们从小培养出的"正念"思考所拥有的不同视野。

分数导向的教育观太久了，久到养坏了人们与社会的价值观，孩子说不出来问题的症结在哪儿，在只看结果论断的大人眼中，孩子自暴自弃地说："我就是个没用的人啊！"**因为大人忽视了过程，也就找不到历程中卡住的螺丝，帮不了孩子解开难题，更看不见孩子的优点。同样是一张95分的考卷，如果一位教养者是看孩子怎么被扣了5分，另一位是肯定孩子努力得到95分，就会养出不一样执行力的孩子，前者的孩子内心感受到的是"95**

分还不够好”，后者则是“下次再小心，一定可以再进步”！

别单纯用“做到”“没做到”“100分”“60分”“进”“没进”的结果来狭隘孩子的眼光，**教养者带着孩子看见努力的历程，肯定一点点的进步，都会让孩子感受到无条件的爱，也会增加孩子的挫折容忍度。因为，光是感到自己被了解，努力有被看见，孩子就能感受到自己是被重视的，他能从教养者话语的温情中，产生良好且正向的自我感受，即便球没投进框内，可是“球丢得比较高了哦，力气变大了呢”“哇！这次有碰到框”“哇塞！你抛出去的球也转得太帅了吧”这些肯定每次投掷的声音，才是孩子能不断向前、不畏艰难往高处爬的力量**。蛰伏的过程总是辛苦的，但坚持到最后才有所谓的传奇出现，李安导演如是，迈克尔·乔丹如是。

当然，孩子挑战成功时，一定要大大地为他喝彩，不单只是“成功”那次，在那之前所做的无数次练习都该被肯定。千万别让孩子只为了掌声而做，教养者调整一下说话的方式，能使得亲子关系更加亲密，少了言语的压力，让成就依旧；再者，**重视过程，能让每个人做到“健康的比较”，不是和别人比，而是在努力的历程之中，和昨天的自己比。**

第四章

家有小暖男

暖心孩子养成术

之一：要给外公的杜鹃花

台大校园的二月，正好是杜鹃花开的季节。妈妈很惬意地用坐垫背巾带Jivan出门去，因为骨骼发展已经到可以往前看的方式坐，加上不同于推车视野的高度，Jivan心情好到自己一直东看西看还会不停的说话，双脚晃啊晃的，与无视双肩承受极大重量但步伐仍轻快弹跳的我相应，显然我们母子非常陶醉在可以一同溜达的时光。

叶子，是Jivan在八个月大的时候爱上的，那时我们在荷兰，小家伙都在院子里“野放”，玩叶子、吃叶子、甩叶子，偶尔爷爷奶奶带他去散步，也会故意推车推过满地的秋叶；于是，自从Jivan会说话后，他就会声控我带他去摸叶子，在树枝上绿油油的那种。

这天在台大，我们沿着椰林大道走，背在妈妈前方的Jivan正好与整列的杜鹃丛差不多高，他指着满路旁随便的一株杜鹃说“摸”，我就顺势带他过去轻轻摸杜鹃叶子，然后，我故意惊呼地指着盛开的粉色杜鹃花说：“哇！宝贝，这是杜鹃花，是‘花’哦！开花了，是不是很漂亮？”

小Jivan摸着叶子的手还停在空中，我极力伸长脖子往前偷瞄他的双眼，他的视线停留在我手指的粉色花上，没出声。

他一连边走边说："摸。"

我回应说："好，摸。哇，宝贝，杜鹃花，好漂亮哦！"

几次，突然他开始用小短手指着绿叶中盛开如星星般的花说："摸，花。"

我没有让他摸，怕他会捏坏了供人欣赏的花朵，直到我看到有一朵完好的杜鹃花已掉落在地上，我指着问Jivan："漂亮的花，要吗？这个妈妈可以捡给你。"

"要！"他开心又小心地接过。

我接着又说："宝贝你闻，很香哦！"便帮他把花靠近到他的鼻子。

Jivan闻完后也把花用力塞到我鼻前，一遍两遍三遍，也轮流给一同前往的朋友们闻。每一次闻完我就说："哇！好香哦！谢谢！"Jivan就会得意地笑，重复分享他手中美丽的事物。

与朋友告别后，我们母子要搭公交车回家，走去车站的路上，Jivan仍旧转着手中的杜鹃花，他喜欢地小心又慎重地拿着，我问他说："宝贝，这朵漂亮的花你是想带回家给外公，还是给爸爸呢？"这时，我遇见研究所时期的学弟，Jivan等了一会儿我们两人的闲聊，好像想到什么一样，把花举高给我学弟看，他若有所思的眼睛，一下看手中的花、一下看前方这位和妈妈正在说话的人。我告诉学弟刚刚发生的事，学弟也闻了手中的花，他心满意足地把手垂放下来，继续等待妈妈再次背着他前行。

上了公交车，Jivan很快就在背巾里睡着了，我没有多想什么，只觉得愿意分享的儿子让我很开心。我心底有种深深的感谢，是儿子带我重新看见我们以为的平凡无奇，其实是那么值得被放大来好好珍惜。他睡得很安稳，感觉很沉的呼吸，在我胸前起伏，我想起了他左手的杜鹃花。

这是我意料之外的，Jivan紧紧握着花。他没有在路上随意丢掉，睡着了更加用力地保护着。

从这朵杜鹃交到他手中，到我们回到家，经过了一个半小时。可是，回到家没有人在。我把睡醒的Jivan放到沙发上，问他："宝贝，你的花呢？"他摊开左手，看着因为久久被紧握的又湿又烂的杜鹃花，还有粉色汁液沾满小手掌，我不清楚这一刻他是否知道，为什么手中的花与妈妈给他的那朵盛开的美丽的粉红花不一样了，但我的心已经被这位一路握着一朵微不足道的花的小男孩温暖。

我说了一声："妈妈去煮饭哦，你把自己的鞋子放回鞋柜就可以玩了！"于是，我离开杜鹃花男洗菜去，他一个人叮叮咚咚地玩着。

大约过了半小时，外公回家了！门打开的一刹那，左脚右手飞快爬上前的Jivan，单膝下跪的求婚姿势，把左手里的稀巴烂的花"呈"给外公："外公，花！"

这孩子，竟然没有因为到家可以到处"捣乱"而放掉手里的花，仅用空出的一只手自己玩游戏。

他记得，花保护好带回家，可以给外公。

他记得，是妈妈给他的好漂亮的花，外公也需要看到。

★1岁2个月6天★

首部曲

事物，并且
分享的心。
朵小小的、
事物，而
他好好保
的人。让
”为“持
孩子全
流、正向

之二：小小哲学家

房间里，有个专属妈妈的角落，化妆、打字、看书。

每每Jivan睡午觉，家事忙完，我总算可以趁机回到自己安静的空间，回归自己的习惯。实在是很难趁Jivan午休时一起躺下，因为要抓住难得“伪少女”那弥足珍贵的机会，对，这样的片刻，就只剩小家伙睡得像冬眠一样，才可能在键盘前敲敲打打，久了就养成“不写无法睡，写了没得睡”的坏毛病。

Jivan醒来后，若没在床上看到我，就一定会往窗户前的那张桌子找寻我的身影，而我也会投以大大的微笑说：“宝贝你起来啦！”他知道那是“妈妈的位置”，可是，“妈妈到底在玩什么呢？”“为什么这么常坐在那？”“有天我一定要去瞧瞧！”他心里应该是这样的内心戏。

我的角落，变成Jivan极好奇的一隅，只要逮到机会就要爬上去挖宝，特别是妈妈不允许他靠近的时候。

我的椅子是折叠椅，Jivan站在上面摔下来过，不过却没有阻碍他继续“挖宝”的动机。桌上有计算机，Jivan已能流利单手翻开，豪迈地抽走键盘保护膜，明明屏幕没画面也学我有模有样地按；直到有一次他不小心摔下计算机，我极度生气，再三告知："妈妈的计算机，妈妈的！妈妈的（指自己）！不是给宝贝玩的（指宝贝外加‘不’的手势），宝贝不碰！"那次，他头低到不能再低。

好的，小暖男今天的故事是这样的：同样是Jivan先醒来的早晨，同样是妈妈不想钻出被窝，Jivan则是翻山越岭得意溜下床的胜利之姿。Jivan很会充分把握妈妈赖床的几分钟，这样他就可以得到妈妈起不来的"默许"，而到处把玩东西。

他先双手捧着我挂在床沿的脸，亲了亲说："妈妈，早！"然后火速……目标：妈妈的角落。

我趴在床上看Jivan，他小心翼翼地爬上摔下来过的椅子，指着椅面，自己告诉自己"坐坐"，努力稳定重心，然后慢慢放下双脚，直挺挺地坐好。接着，他拿起桌上的杂物，摸一摸、摇一摇，便放回原位去。我以为他会又偷偷翻开我计算机，结果他回头看了看我（我赶紧眼睛闭上装睡），他并没有去碰，指了计算机小小声地说了声“妈妈的”，于是拿起鼠标按啊按。

窗外的阳光正好照射进来，一方和煦的不只是这天的天气，那微光洒在Jivan的脸上，很柔和，也很平静。就只是那几个小动作，却让我感动于他的“懂事”。他依旧是个好奇宝宝，还是会犯错、会捣蛋，但渐渐地，Jivan从探索中生出“规矩”的概念：东西物归原位，妈妈规定的东西不碰，会跌倒所以要坐好。

唯有经历过，才能真的学会。正在感动之际，窗外忽然有鸟儿啁啾，Jivan停下动作，气定神闲地抬头寻找声音的源头，在他的小小手里握着鼠标，我好想记下这一刻，“停格”下来就像个小哲学家在自己的宇宙里想些什么。不久后，他将会放回鼠标，慢慢爬下椅子，因为赖床的妈妈要起来给他换下睡衣，而他在“妈妈的角落”的自由时光也够了。

母子相处，本来就不需要一板一眼，或只有二分法的“绝对”；一点点的灰色地带，短短几分钟的通融（假睡），我不出声，其实也会自己提醒自己，他不但记得过往挨骂跌倒的经验，而且也知道妈妈的底线在哪儿。是啊，小家伙天天看妈妈坐在那儿，一定会想知道那里到底有什么新鲜物嘛！

★1岁3个月26天★

小暖男养成二部曲

请妈妈，别急着阻止。那些暖心举动，是你半梦半醒间还硬说是“自由探索的时机”，才能看见小脑袋如何反刍，然后自我“输出”。

之三：一次到位

我一直不太想面对“戒尿布”这件事，老觉得“不是才培养出儿子换尿布不乱动”的默契而已吗？怎么又听到有人碎念“可以戒尿布”了呢？

是我宁愿把屎也不愿踩到屎，还是我不想要因尿滑倒？一天5片尿布，一周与你对看35回，一年1825次，你专心聆听我叨叨不絮的爱意，感受我敏捷的动作在你下半身轻拢慢捻抹复挑，然后我用眼尾余光欣赏你镇定的气质。是我，还没准备好，孩子距离“独立”，又更靠近了。

不过，Jivan比我还清楚自己的速度，一直以来都是他用他特有的方式，给我打“I am ready”的暗号。前几天将Jivan托给外公一下午时，外公就说要出门前Jivan自己说他“便便”了，非常配合地让外公换好尿布，然后边唱着自创旋律出门。今天早餐前，我还在挑“吃哪一个水果好呢”的时候，听到一旁玩的Jivan“噗”了一声，背影像是定格一般，妈妈的直觉加上对于孩子的作息了如指掌，我马上问：“宝贝，你便便了吗？”酝酿完的他来个回眸傻笑：“便便！”带点羞怯又自信肯定的声调，点点头。

“便便了，那妈妈换尿布！”我水果都还没放下，Jivan已经三步做两步往房间方向前进，我跟上时还回头看着我，指着右侧那道门一副“follow

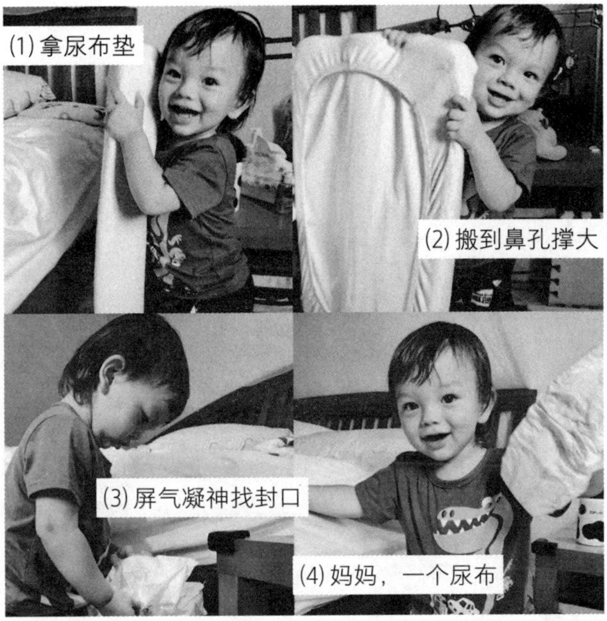

me”的得意姿态。我走在后面，还在想不知道是真的大便了，还是只是重复我的话，他已经来到平常我们换尿布的位置。

确定飘来的是真真正正热腾腾的那味儿，Jivan的确真切意识到自己“大便了，必须乖乖躺好让妈妈换掉尿布”这件事。本以为这样的进步就好棒了啊！没想到……登愣！他竟然自己伸手去搬尿布垫，然后，豪迈地往地上一摆，又转身去拿尿布。

花了好些时间找寻尿布袋的封口，专心的模样让我嘴角不自觉上扬，他挤在短脖子间的双下巴、放松的嘴唇，还有挂在唇上蠢蠢欲落的口水。一只手抓着袋子，另一只窸窸窣窣地搜索封口，好一阵子做不成，我帮了他一个忙，调整了他正巧抓在封口上的手。我的视线停留在你的脸庞，顺着你眼睛看去的方向。“任何简单的事，从你身上实现零到一的过程，为什么都这么让我着迷？”

“布布！”左手拿出尿布高举，孩子咧嘴咯咯笑，他完全准备妥当了。“妈妈，动手吧！”

小Jivan，你从来都不是个难搞的孩子，对于尿布湿了或脏了，没有表示过任何不悦，甚至可以说尿布干净与否都与你无关似的。出生的前段时间晚上，你都在夜晚喷发，负责换尿布的爸爸，好几夜都傻眼于你睡在整个背满是屎糊的状态中，你却依旧天使面容安详地沉睡着。还有还有，那年难得一见有雪的冬日，爸爸惨叫过，因为尿布一开，寒冷激发你的括约肌，一发不可收拾，你仍是自顾自地睡着。我们记得那些“换尿布”的无奈与惊喜，带来的关于我们与你成长的小故事。

不可逆的时光，你在我措手不及间长大。收进小脑袋里的、妈妈周而复始的动作和步骤，像是一颗投入深潭的石子，不是一个声音戛然而止，而是在接触到泛泛水面的一瞬间，泛起一波又一波的涟漪；先这个，再那个，然后这样，最后是那样。“妈妈，整套流程我都知道！我可以自己做。”然后我的心会醉，会在水面下波涛，你又大了一点，更懂事了点。

★1岁5个月9天★

小暖男养成三部曲

用每天的细心灌溉，等一粒待放含苞；孩子“准备好”时，他会用他的方式给你个出其不意。孩子不急，你就别为了一棵树，错过了后方的一片林吧。

之四：我知道是我的错

没有爸爸跟的小旅行，Jivan天天都享有与妈妈一起洗澡的福利。他非常调皮可爱，我每回却好害怕即将面对一人帮两人穿衣的忙乱。

净身完毕、披上浴巾，门一开，我就在后面叮咛：“慢慢走哦，脚湿湿！”因为Jivan已经是笑出声地往冷气房前进，然后挣脱浴巾往床上奔。

“好吧！我先快速穿衣、乳液、头发擦干。”看着一旁光溜溜的生物嘻嘻哈哈，好享受洗好澡裸奔的自由！殊不知……妈妈心里有多紧张，他可能又出其不意地尿在床上。

总之，包好尿布，确认万事准备好后，我就让他继续衣不蔽体地逛房间。妈妈要来吹头发喽！不过小孩很有趣，越是放给他去自己玩，越是想当小跟班。《孙子兵法》流传千年的“欲擒故纵”，能屹立不摇果真有一定的道理。

Jivan跑来我身旁，试图爬上旁边的椅子，但椅子太轻巧，根本没办法支撑他为了上去从侧边强拉的力道，于是，椅子往他那一侧倒去。这种时候事情都会发生得特别快，但妈妈却像慢动作播放一样，看得异常清楚。小调皮先往后跌，一屁股坐在地上后，接着顺势是椅子倒下来，椅背的边缘“叩”到额头，然后整个压在他身上。

哭啊！哭天抢地的。“叩”那么大声怎么要帅得起来！可是，我没打算帮调皮的他，毕竟那椅子不算太重的，所以我要观察他，看他如何自己解困、求救。但是呢，Jivan完全没叫一声“妈妈”，他一边哭一边用哭腔说：“椅子跌倒！呜——椅子跌倒……”然后，竟然自己伸出双手，吃力地把压在身上的椅子推起来扶正，站起来后还小心翼翼地确认椅子立好了！

等他完成他想做的动作后，我马上问他哪里痛，他只是自己摸着头爬起来，展颜欢笑地跑去找球了，让已经做好要花一点气力安抚的妈妈，很想唱：“你总是心太软、心太软，把所有问题都自己扛……”孩子竟不因跌倒而难过，只是觉得是自己害椅子跌倒的啊！“对不起哦，我帮你站起来”

这样。

从半年多来观察Jivan被欺负后的反应，总是不以为意、不受干扰地持续享受自己的时光，到这次自己因爬高重心不稳而弄痛自己，依旧是第一时间想到被他弄倒的椅子，“它好了，我就好了！这点痛没事”，这让妈妈顿时英雄无用武之地外，也因“在乎的点”而感到又好笑又心疼，无论是要说“椅子（让我）跌倒”，还是“（我害）椅子跌倒”，他事发后的举动，始终没想到额头被砸到的疼痛，还把被自己弄倒的东西归位。如果说勇敢似乎不太准确，我当下是扑哧一笑“这种时候只在乎椅子”，心头却着实因他“想到的不是自己”“帮跌倒的椅子站好”而惊异。

哎哟！宝贝你“痛神经”与“好心情”之间有条深深马里亚纳海沟吗？如果不是在妈妈面前假装没事的话，我还真希望你就这样当个快乐的傻瓜，带着善良体贴的特质，平安长大。

★1岁6个月5天★

小暖男养成四部曲

当孩子因调皮探索而跌伤或弄痛自己时，只要情况不严重，**请先让孩子学习不以自己为中心的思考方式**，要知道，不小心的是横冲直撞的自己，所以请无论如何，先道歉，先关心因他的鲁莽而让别人感到他所感到的疼痛，“你的痛有妈妈帮你安抚，但你的错也需要你的关怀来承担”。

之五：我没有也没关系的

自己和Jivan推车出门，除了走路，最常使用的交通工具就是公交车了，但比较无奈的是，我们搭乘的路线公交车通常都是没有低底盘的，所以远远看到车来时，我就会肾上腺素攀升，背包上身、拿卡、收车，然后一手扛车、一手抱Jivan，亦步亦趋上公交车阶梯。

我不觉得麻烦，现在Jivan已经完全在状况内，静静站在原地，等我收好东西抱他上车。今天他双手各拿着面包，当我一如往常交给他悠游卡保护时，他看了一下两只手，一会儿，便把一个面包塞到嘴里咬着，空出一只手自在地拿好我们的公交卡。我笑着看他淡定的样子，一切是这么自然，孩子自己解决现有的小问题，本能地想到方法帮忙妈妈。

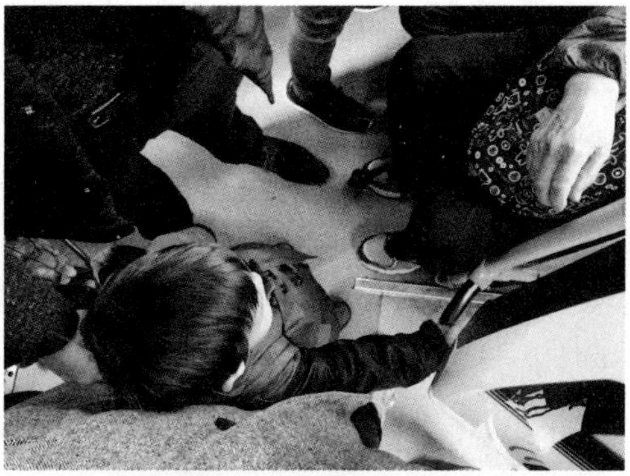

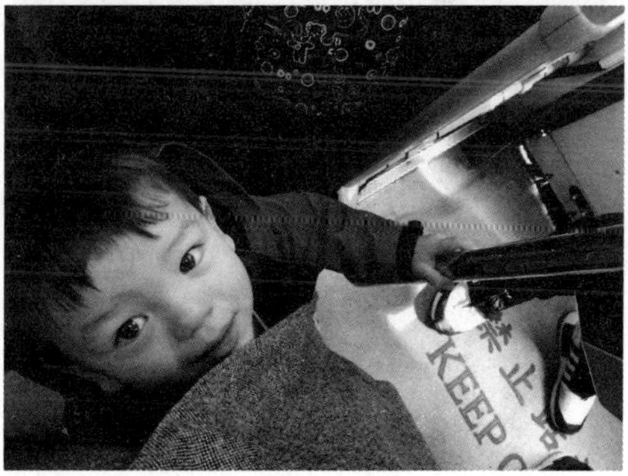

“我等等过来刷卡！”上车第一句话始终都是这句，我必须要赶紧在司机急踩油门前，踏稳自己的平衡，让Jivan坐妥。不过，已经不知道第几次了，上了车后我们没有位置。我不打紧，但孩子也跟着我站着，幸好，他懂得要抱着我的腿，有时候会自己一屁股往地上坐着，一手扶着他的推车。

最不可置信的，是有次他从阳明山站四五十分钟到剑潭站，或许是因为他搭车时心情平稳，毫无哭闹的噪音，所以没人发现有个小家伙跟着妈妈在山路歪来歪去；也或许是他看起来不像一岁半多的孩子，更或许是旁人“妈妈你自己决定要这样带孩子出门，我也很累”的想法吧。当时，我沿路叽里呱啦地跟Jivan聊天，他站着还是一样好心情；但其实，我很心疼他的“懂事”，因为当我跟他说“没有位置”时，他就这样“认真”又“认命”地抓紧，转弯一再跌倒又一再爬起来。如果这对他来说“很好玩”，当成小训练也无妨，只是这一路真的让我神经好紧绷。

转车进了捷运，我坐下后，Jivan指着我身旁的空位，重复告诉我说他要坐在椅子上，我跟他说：“宝贝坐推车里面就好，位置让给其他需要的人坐，你已经坐着就可以了哦！”然后我请他注意每停一站，就会有人上来，需要位置坐的情况。每次交通时间，我们一起观察周遭人事物，不滑手机，因为每一次临场的解说，让Jivan对这个世界认识地很快，尤其是观察力和同理心。

他今天坐在推车里，突然看到有位老人家上车，他很鸡婆地指着空位置说：“让爷爷坐！”证实了某天在公交车上，他还要按开自己的安全带，起来给站着的老人坐的事件，并不是偶然。

★1岁8个月13天★

小暖男养成五部曲

当孩子能留心到他人的需要，不坚持自己的“想要怎样”，做到“现况虽不如我意”也不“欢颠”的情绪管理，那他心里善良温暖的种子，就已经开始发芽了。

之六：你的辛苦由我守护

开始不用等到Jivan睡觉，也可以把家事都做好。

悠闲地一起吃完早餐、共读后，我“宣告”我等等要扫地拖地的计划。Jivan坐在椅子上有一搭没一搭地翻着刚看完的书，其实眼神一直在追我扫地的模样。

“有红萝卜！”那是前两晚切碎、掉落在角落的残渣，被挥扫了出来，他看得很仔细；“那个是什么呢？”一只窜逃的蜘蛛。Jivan呵呵笑，觉得扫地会把好多惊喜都唤醒一样，又好像他骨子里觉得看妈妈“做家务”与看到“跑车”一样帅气（忙得很拉风）。

扫完时，我允许这孩子离开餐椅，便进厕所准备水桶。

“宝贝，我要拖地了哦！”我是故意这样说的，我早就知道他已经把板凳都放好位置了。

从不满一岁前，要把他安置在婴儿床或学步车，避免阻碍我快、狠、准地完成家务，却总不免被哭闹声中断动作，拎出来后又变成自找麻烦，因为小跟屁虫常一阵风地，把聚集起来的灰尘吹跑。但看不到孩子的时候，妈妈的想象力就会发作，“怎么那么安静？不会掉出床了吧！”或者抓紧孩子午休，一颗心悬在半空中在阳台胡乱把衣服都晒好。

都过去了，什么都会过去的。在轻轻、漫漫、游走的季节里，孩子看着你的勤奋，然后他会懂得“体贴”：那些他做得来的，他或者挤在你旁边，或者自己当游戏在闯关；那些他还做不来的，他会用他的方式与你一起做好。

我拿着拖把从厕所出来时，有个像猫一样快速的小身影，一溜烟地从房里开心跑出来。我刻意把速度放慢，探头看这小调皮要跑去哪儿，“不是已经宣布要拖地了吗？怎么上次太滑跌倒没学乖呢？”他可能也想说：“妈妈怎么还没出来？”于是他回头看，我们俩四目相交。

如果爱是一种责任，你能够把自己看顾好，便是此阶段我最感动的反馈。

我为我的猜疑感到惭愧，Jivan安坐在自己搬置于一角的凳子上等我，手里握着冲回房间拿出来的小玩具，笑着望向我即将走出来的方向。他知道，妈妈拖地时要坐好不乱跑，玩到一半的玩具在一声“拖地喽”的令下，想握在手里陪着自己，也想陪妈妈拖地。

“妈妈拖地会湿湿，宝贝坐这里！”他说。算是我们之间的默契，有人气定神闲地“欣赏”与“合作”，做起事来特别起劲。拖把靠过去Jivan那里时，他自己很用力很用力地运用他小小的核心肌群，做出了没用手支撑却把双脚直直抬的九十度高的高难度动作（请在板凳上自行练习，我觉得大腿超酸的），盯着我游移、暂留在他四周的拖把。

我离开他的领地后，从他轻快地踢着板凳的声音知道，他依旧坐在那里。久雨放晴的窗外，斑鸠刚好在对街的公寓上发出咕咕噜的喜鸣，我也是，接住好多好多如俄罗斯方块的琐碎家务，因为自发的举动和充盈我心的温暖陪伴，底部堆高起来的繁重壁垒一下子就消弭了！

★1岁10个月9天★

小暖男养成六部曲

孩子不会只是从你的辛劳路过，当他自发地放下玩乐，只愿全心与你一起时，迷人之处正来自他也想学习什么是“付出”：你劳心力，他来守护。澳洲模范父亲Steve Biddulph说：“让孩子喜欢自己，秘诀非常简单：教他们成为有用的人”，而**知道自己如何能够做好、不找人麻烦，便是自信、独立、亲密关系的开始。**

之七：给得起的爱，不睡

在有限的预算，母子两人游西澳，加上转机地点安全的考量，于是选择了半夜时段，可想而知的，廉价航空专飞奇妙的时间。

那晚准备从澳洲飞回家里的班机是00:20，我们近十点到机场，才正要开始排九弯十八拐的check-in队伍，一岁十一个月的Jivan已经在推车里睡着了。

照过去为数不算太少的飞行经验，婴儿推车都可以直接使用到登机口，再交给地勤特别托运，但这次在check-in行李托运时，柜台指示："如果要托运，现在就要随输送带与行李一并检查上机，除非有一个黑色束口袋装入收起后，大小符合随身登机行李的推车，不然只能把孩子抱起来，推车现在直接交给他。"对方表示，每家航空或各国机场的要求不尽相同，还有凌晨时段，地勤人员不足的原因。

我估量身上十公斤的随身行李，五公斤的宝宝用品随身包，十五公斤睡眠中的儿子，虽然机场有可外借的少数几台婴儿推车，但已经被借光，我只能选择check-in时直接把婴儿车先交给柜台，因为我没有黑色束口袋装推车。收妥兼转机一共四张的登机证，我便抱起睡眠状态的孩子，试着唤醒他请他站好，并告知他妈妈把推车收起来交给叔叔了。他睡眼惺忪，两腿一伸，站是站了，但摇来晃去。睡意不断侵扰，我还要他背好自己的包包，说："走吧！宝贝。"他不情愿呜唉了几声，讨抱。

我蹲下看着他，并亲亲抱抱逗弄地吵醒他，给他看我身上背的、拿的有哪些，我说："宝贝，我知道你很累，可是很抱歉啊，妈妈的东西已经很多很重了，真的抱不了你了。我牵着你吧！我们一起慢慢走。"接下来是一段迈向指定登机口的漫漫长路，安全检查、出境海关，再一段漫漫长路。

他真的是慢慢走，是慢慢的，但也自己走着，还一个人走过海关的金属侦测门，在我过安检收东西时，蒙眬双眼地拉着我的衣角等。Check-in后到可以登机，大约撑了一个半小时，他别无选择，只能认命拖着步伐像个大人一样跟着妈妈，无法耍赖"当个婴儿"就好。

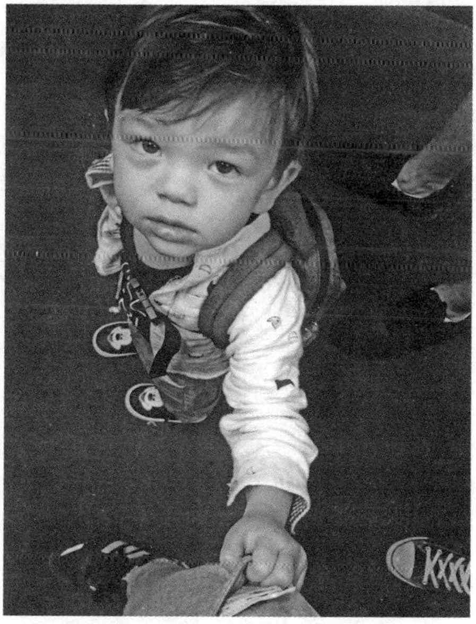
▲再撑一下就到了！排队登机中。

Jivan一上机就睡了，五个半小时后，转机点新加坡到了。又不忍心但非要把孩子弄醒，这时的时间是早晨05:45。

一手抓着我右侧口袋，小小身子的他紧紧贴在我腿边走。安安静静的，拖着我走不快的前进。我必须要不时跟他说话，让他也让我保持清醒，免得睡着后再度登机还是要叫醒。于是，转机的时间里我们逛机场，儿子一会儿抬头看看我，一会儿低头悄儿没声，我隐约听到他默默说了一句："宝贝脚好酸……"可是他脚没停过。

07:20，重新开包拿出规定物品进行安全检查，儿子独自走过侦测门，再牵着妈妈裤子口袋看我收安检拿出来的东西，我由衷地说："谢谢你等我哦！"然后牵着他一块儿上机。

一上机，飞机都还没驶入起飞跑道，Jivan再度进入睡眠模式。可以了，孩子，你可以放心睡回家了。谢谢你，没有让我大包小包还要孔武有力地抱着你，没有让我在机场因为一个哭闹讨抱的孩子而为难，没有让我一个人带着你深夜转机还要安抚你的睡意，我们从南半球飞回北半球，从凌晨走向朝晖，从旅途返抵家园，从相依为命热闹成一家团圆。

别狼狈了自己，孩子可以是好伙伴！妈妈不是万能也不必万能，适度地"装傻"和"示弱"，下放任务，激发孩子能力范围内可以给予的爱，孩子也会有想要保护与分担的心，"妈妈不要好累、不会好重"，他给得起、做得到的爱，会让孩子无比喜欢自己，也温暖所爱。

★1岁11个月8天★

小暖男养成七部曲

不到两岁怎么成为一个大人？！妈妈是孩子第一个亲密与爱的典范，其实许多时候，我们不用一直当超人，不用老是想办法满足孩子，只要如实把“当下的状况”和“遭遇的困难”，温柔地让孩子理解“没办法的时候”，再告诉孩子我们可以怎么一起努力，**孩子会懂得体贴也是表达爱的方式的。**

“并非要你帮忙，而是你也有自身的任务”，我们母子比肩行走，不拜托也不推诿。如果孩子哭闹想耍赖，可以先同理他的感受，陪伴他发泄完情绪，等平静后再鼓励，并告知他“妈妈相信你可以的”！就像搭夜班飞机与转机都没有坐婴儿车的儿子，屁股夹紧也要与妈妈走完每一步，这便是那时候的他，给得了的爱。

之八：手很拙，但心很暖

Jivan两岁后开始去保姆家了。第二天开始，他回家就会念着其他孩子，把名字一一念给我听。保姆俩是夫妻档，一共收托四位婴孩，Jivan年龄排第二。

能陪伴Jivan适应环境、带着他认识人，是孩子放手独立很关键的一步。我在他正式全天送托以前，就把那边有什么好玩的、生活作息、小朋友们分别是什么名字、个性、喜欢的事了解一遍，主动和Jivan分享，让他知道“妈妈完全了解你所处的地方，你会很安全的”！除了让他安心之外，也不时逗弄他谁谁谁今天有没有收玩具呀、谁谁谁怎么会哭那么大声呢、谁谁谁在吃鼻涕呀，搞得他也开心自己有一起玩的伙伴了！

那天，保姆让三个大的（三岁哥哥、Jivan、一岁九个月的妹妹）到“秘密基地”玩，结束前，保姆一喊“要走喽！收玩具穿鞋子哦”的不久后，小角落出现一个可爱温馨的画面。

Jivan蹲在妹妹的身旁，努力帮她穿鞋子！“来，我帮你！”他没有为了自己，再多摸玩具两下，而是选择跑到妹妹的身边，二话不说拿起妹妹的

脚就往她的鞋子里塞，妹妹也很认真地坐地不动，接受Jivan不利落的帮忙。

没有人请他这么做，我不在他的身边，欣慰于Jivan依旧能细心忖度他人的需要，有关爱他人的能力，即便他才刚费了好大的一个劲，帮自己把鞋穿好，现在又要再费好大一个劲，照顾他人。看似简单的一个动作，两岁的孩子做起来，绝对是挑战啊！

两人弄了老半天，虽然是穿反了，也没有完全粘好，在这段最后看似徒劳无功的时间与气力中，Jivan大可以趁机继续再和哥哥玩一下，或是把自己顾好后就袖手旁观、落得轻松，也可免去遭大人碎念的风险。可是，能体会爱与被爱的孩子，常常会做出连大人都动容的选择。

孩子的能力与肌肉协调性或许都还发展不成熟，但我们绝对不能因为他做不来，就浇熄他懂得体谅、愿意主动付出温暖的心。

孩子有双善于观察他人需要的眼，替人设想是心中有“爱”的反应，它并不会因为长大就“自然”迸出来，更没有“大一点，孩子就懂了”这种事，而是借由无数次真实生活的观察与实践，大人耐心的等待与欣赏，没有因为最终结果的好坏来否定他关爱他人的动机。那么，孩子那小太阳般的纯真温度，才得以一点一点地滋养茁壮，持续在他处事待人的态度上发光，温暖身边的每个人。

★2岁1个月23天★

小暖男养成八部曲

孩子想帮忙，就让他做吧！越帮越忙又何妨，陪伴孩子长大的过程一晃眼，比想象中还快的。走路慢了、开饭慢了、出门慢了，所有计划都慢了，可是慢了下来，风景就变了，心就柔了，日子就踏实了。我们以为，是自己在教孩子，但其实是孩子，提醒我们摘下世俗的眼光，再次回归初心，不论标准、不讲速度，只单纯地因看见“需要”，而选择“给予”。

之九：无声的眼泪

本来是工作日的周五，我早上请了半天假，带Jivan去办事。一觉醒来有妈妈在的平日，他快乐得像松开绳索又跑又跳的小阿土，整路搭车去到市政府都和我说个不停，偶尔还会靠上来撒娇。

事情处理好之后，要送走他了，我心里也有点不舍，带着他一点也不碍手碍脚啊！虽然我不断和Jivan强调“等等宝贝要去保姆阿姨家哦！妈妈要赶快去上班了”，但其实，我也好希望时间可以不要过那么快，外头阳光正好呢！

搭公交车的回程，其实已经到了Jivan午休的时间，看他明明很想睡，又撑着眼皮一下看窗外急驶而过的街景，一下躺在我的大腿上往上凝视着我，无论怎样，就是不愿意阖眼。带点偷得半日闲的喜悦，和犒赏孩子“神一般队友”的心态，又不愿草草结束难得的母子“约会”，我带了Jivan上牛排馆午餐。

我一边提醒他：“宝贝，等等吃完牛排，我就带你到保姆阿姨那里了哦！”

他问：“妈妈要去上班吗？妈妈上班宝贝去保姆阿姨那里吗？”

“对啊，学校里有哥哥姐姐在等我上课。等你洗好澡，外公会去保姆阿

姨家接你。”

他再次确认：“哥哥姐姐要上课，宝贝不用上课……”沉默了一会儿，小脑袋似乎也想通了，他就继续回到自己专注的事情上。

我心有点疼，这小家伙，该不会是以为，去上课就可以一直见到妈妈了吧？难怪最近一直问：“宝贝要去上课了吗？”总之，对于母子俩一同度过了奢侈的周五半天，等等要被妈妈亲手送离的事，Jivan表现得完全能接受了。

那天约会是正式整天托婴的第二十天，送他回保姆阿姨时，他没有哭闹，一路牵着我走到保姆阿姨家门口，电铃按了，Jivan松开我的手，牵起了保姆阿姨的手，他很坦然地跟我拜拜、晚点见。进去保姆家的时间，正巧其他三位孩子都还在午睡，Jivan早就累了，“不知道他会不会也一起躺下睡？”我一面想，一面赶车回学校上课。

晚上，当我看到亲子联络簿时，心头一阵酸楚。保姆写：“Jivan来的时候，自己安静地坐在旁边，说要等其他小朋友起床一起玩。坐一坐他就开始流眼泪，不敢哭出声，怕吵到其他小朋友睡觉，他说他想妈妈。偷偷哭到开灯大家都午睡起来了，就开始玩了。”

最悲伤的泪，是流向心里的。光想象小小的他静静流泪，跟保姆阿姨说是因为想妈妈所以哭的样子，我随时都可以飙泪。在情感宣泄的同时，还能想到他人是否会因此而被干扰，那是一种让人心疼又怜惜的懂事，是不以自我为中心而已有换位思考的体贴，负面的情感需要出口，但身旁的人不一定需要全盘承受。

负面情绪不是无的放矢的胡乱宣泄，就像在外一整天的坏心情没必要扫到不相干的人，我们可以说出来，可以靠聆听与诉说来排解，但不需要让它成为身边人的负担。这是我一直在练习的功课，而Jivan在保姆家不打扰其他小朋友的温柔，和重拾好心情的功力，反倒成了温暖我心的小小模范。

谢谢你的想念，谢谢你不打扰的温柔，有句话是这样说的：“鱼对水说，你看不到我的眼泪，因为我在水里；水说，我能感觉到你的眼泪，因为你在我心里。”

★2岁3个月1天★

小暖男养成九部曲

孩子，我只告诉过你，**你可以哭，因为哭是一种健康的发泄**，虽然如此，你仍是一个能快速调整好情绪而不爱哭的孩子；但是不知道什么时候，你开始懂得，有些难过只属于自己一个人特有的感受，必须要无声地流泪，以免吵到别人，让他人也难受。

之十：让我来照顾你

肚里30周的妹妹胎位尚未转正，头手老是卡在我的肋骨和胃下，和两岁半的Jivan一个体保生的样，她每天都在里面忙碌地伸展，特别是上臂运动，感觉就是以我的胃为目标，想到就来自主训练连环拳，我最后的下场就是胃痛和难以进食。

“宝贝，妈妈不舒服，我要躺一下……”下班回家一开门，正在玩的Jivan立马冲过来拥抱，也抱着肚子喊妹妹，我亲了亲他后把话挤出来，弯着腰，直接进房休息。

“好。”孩子靠边让我好好走。

笨重如我还没调整好枕头，Jivan已经跟着进来，说要靠在肚子上和妹妹一起，可是一直宫缩的状态下，我不想被碰到而胃抽筋。

“宝贝，你去看看爸爸在做什么！”“外公在哪里？”我用另一种方式要支开他，他应了声：“我去看！”没几秒又跑回来，回答我他的观察后又跪在我身边。

我知道，小家伙还是想陪着我，他主动趴上来抱着我撒娇喊：“妈妈——”接着想到什么似的，跑出去拿着球和小篮框再进来。“妈妈，这颗给你。”

“宝贝，你投吧！妈妈帮你扶着篮框。”我躺下，一天没看到了，就和孩子聊聊天，看着他也好。

Jivan一直和我说个不停，还不嫌麻烦地把车子、轨道、喜欢玩的东西都搬进了房间，挤在我旁边，把自己创造的欢乐都分享给我。我在猜，他想让我舒服一点，他不想要妈妈不舒服的时候还一个人，他在照顾我的心，希望能用他的方式让我缓解我的不适，“妈妈不舒服，有我陪你。”

后来，外公切了番石榴，叫他去吃。

Jivan拿着番石榴跑进房间，“妈妈吃一口，好好吃哦！”

“谢谢你的分享，我吃一口就好！”

接着又说：“妈妈，我去拿水壶哦！”他冲刺跑去找水壶，边走边喝走回房间，“妈妈！喝一口！”

“嗯嗯！谢谢你，妈妈用自己的杯子就好哦！”

“这个吗？我拿给你。”Jivan随即转身拿了我的玻璃杯喂我。

孩子没说出口的安慰，是用行动做到了“让我来”。我近距离凝视着他甜甜的笑容，忽然内心一阵激动，很感谢我有个这么贴心的孩子。Jivan望着我喝水的视线，不知道我正看进了他的眼眸，即便胃在翻腾，整个人和心都被抚平、宁静了。

大约过了一小时，一直不见人影的老公突然拿着丝瓜出现，问我要怎么煮时，我先是傻笑这样的违和感，接着才恍然大悟：当孩子三成人格天注定，七成靠后天培养时，绝对不光是我一人教养的努力，而是我的另

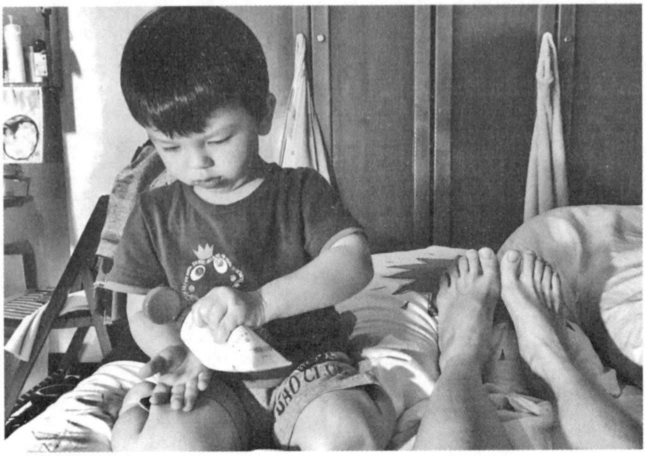
▲看爸爸会帮怀孕时静脉区张的我按摩，
也拿了乳液来有样学样！

一半，也用心善待孩子的妈，特别是在妈妈掉眼泪、最虚弱的时候，用行动证明“我在，你有我”。

孩子牵着我到餐桌前，我看到的是烧了一桌惊喜的台菜：没切直接炒的A菜、丝瓜淋酱油、蒸鸡肉，还有像战场般的厨房。这是他第一次煮台式料理，原来手忙脚乱了一个小时，是在“挑战”怎么样煮才能合我的胃口。

Jivan之所以发展出温暖的人格特质，尽管还无法说出什么安慰妈妈的话，却已用他所能设想到的行动来表达“让我来照顾你”的用心，那是因为，他的父亲身体力行，做到了呵护、体贴、善待孩子的母亲，这样由衷付出的爱，是自然而然、潜移默化的。别再一个人撑着，总是孤单地躺在床上、闷在心里，不舒服、难过的时候，老公是依靠，但不妨也让孩子知道吧！给孩子施展他日复一日所见、所学的身教之爱，而不是告诉他“去旁边玩，妈妈休息一下”，错失了培养孩子拥有“照顾自己与所爱的能力”的机会。他不愿让你一个人，不忍你吞下所有的眼泪和辛苦，不只是对自己、对他人有“肩膀”，也是经营一个家，所不可缺少的互动温度。

★2岁7个月15天★

小暖男养成十部曲

让孩子用他所见所感所思，去表达关爱，一同滚大爱的雪球吧！能明白自己怎么做最开心（自我了解），同时又能洞察到别人的感受（同理觉察），不是一种本能，要做一个温暖、“善待”他人的人，更不用等到成熟懂事。爱人的能力非与生俱来，除了我们平时对孩子的态度，最容易也最困难的身教，就是夫妻之间能主动给予彼此支持、鼓励、赞美、关心，和行动上的体贴。

让爱，传承。

之十一：不打扰的温柔

放电完准备搭车回家前，已经超过Jivan午休的时间，他牵着我徐徐走着，还是跟着一起晃进了书店。

都出门了，我想说趁机瞄一眼也开心。Jivan一手拿着刚刚捡的花，没脾气地进到安静的地下室。

“宝贝，妈妈想看一下书。”讲完这句话，我就专注于自己眼前的怡悦。

“那我也看一下书吧！”Jivan說。

他不知道什么时候选定了一本书，“妈妈我可以坐地下吗？”

“可以啊，回家换衣服就好。”

“那我的花先放在这里哦！”花躺在高度刚好的第二层书格，他放好背上的包与腰际的水壶，找到舒服的姿势坐下。

我牵Jivan走到的那里，是为自己想看的书而来。他拿下架看的书，当然也全都是字，看他安静、自在地一屁股坐在我的脚边翻阅，我想，比起看懂无字天书，他是懂得什么时间、地点就做什么事的“自律”。

我站着，偷偷从上观察他，Jivan沉稳地在找书里能吸引他的小地方，有时是一口气抓着左下角从第一页闪翻到封底，有时是盯着封面上的图案，

完全没有开口催着我说要走了。

他问过我一次："妈妈，我看你在看什么书好不好？"我和他分享后，他就自己看完一本，放回原位，再拿一本，紧紧在妈妈的身边。不打扰的温柔，不只对我，也是对书店中每一位客人的尊重。

离开时，走到楼梯的一半，Jivan想起来他忘了拿他的花。他刚刚告诉我不想要花了，握在手中捏坏了，我回他："不要了也不是丢在书店。"

啊！反倒是我忘了，他记得花不能留在不属于它的地方。我牵着他吃力地往长廊的深处走着，托着八个月的孕肚和因静脉曲张而痛的腿，一边想："身教、身教！再走回去拿是对的！"后来，我们一同把花留在人行道旁边树下的草地上，我觉得带着孩子做了一件很对的事。

看似很普通的一天，细细回想起来，每分每秒都没被浪费，每个细节都做足了教养。或许一段十分钟的路我们走了一小时，或许孩子问了很多根本不是问题的问题，或许为了慢慢来而等下一班公交车却遇上了狂风暴雨，但是最终，我们都是一起度过的。

对孩子而言，没有什么比你在身边，更棒的时刻了。到站时，公交车门一开，倾盆大雨，Jivan说："妈妈，你好漂亮的鞋子要湿掉了吗？"

"我会有一点心疼，不过，没关系，再晒干就好！"谢谢你的关心，对妈妈而言，没有什么是比你的关心，更晴的阳光。

★2岁8个月5天★

小暖男养成十一部曲

先别预设立场，害怕带孩子到静谧的公众场合，出门前约法三章的“他律”开始，孩子需要环境和机会，练习“观察环境，调整行为；克制自己，尊重他人”，学会在一个非孩子的游戏空间中快乐自己。**孩子舍不得打扰妈妈做她最喜欢的事，是他对你最温柔内敛的爱**，孩子懂得世界是不容他为所欲为的，社会因彼此尊重而充满祥和。

第五章

妈妈心情手札

找回爱的力量

敬：升级版的自己！
是“选择”而非“牺牲”，让牵绊成为你专属的幸福

亲爱的，是不是今天天空的颜色暗黑，你莫名的孤单感突然涌现？听着儿子睡觉因为小感冒而加重的鼻鼾声，跟窗外对街三楼装潢工人大声说话、路上急驶的汽机车轮胎磨过柏油路面的“刷刷”声强烈对比着，你什么都不想做，就是想流泪……

突然，你发现自己再也不是认识的那个自己了……

总是跟自己说走入家庭，**角色转换成妈妈是“选择”而非“牺牲”**，但你知道吗？孩子出生以前的那三十年，你是完全的**“自我”**，你往前不断伸手寻着梦想，或失恋时半夜挂上耳机听着只会让你溃堤的情歌，或跌跌撞撞地尝试并挥霍青春，然后在人生清单里的某个年纪写下“结婚生子”。这栏打勾后，接着你就忘了自己成了**“无我”**，所有的所有，你出于天性的把自己放在挚爱后头，像是用爱撑起家、用忙碌维系着日子里的每个重要生命。你很快乐吧你想，可是当你静下来时，仍可以感觉到心底深处有个渴望，在板块最下层轰隆隆着，你想再为自己做点什么。

于是今天，你哭，就是突然的为无法放肆的自己哭了。

原来，这就是当妈的矛盾情结。

面对一个人的孤独，以前你很喜欢这样心无旁骛地陪伴自己；可是当母亲后，你偶尔会怀念过去一个人的随心所欲，但当你真的一个人时，反而又变得坐立难安，身体还是自己的，整颗心却已扎实地被孩子占据。你不再享受独处，即便你多渴望可以暂时什么都不管，不用剥蒜头、洗米、熬汤还要担心不合家人胃口，不用追着儿子跑还要心脏够强迅速把他从桌上抓下来，不用晒个衣服还要多长一双眼睛看儿子到底抓什么放进嘴里。**你有多狼狈？可是作为母亲的你，心头老挂着儿子，你无法彻底放下曾经跟你同个频率呼吸着的小家伙，无法催眠一个人的孤独就是完整的拥有自己。**

所以，与其说学习怎么当母亲，倒不如说学习怎么转换心境。

“既生之，则养之”“养之不足，需教之”，你得意自己还能在与儿子日夜抗战之时冷静想出这番幽默的道理，但**教养的另一面就是自己全时的陪伴，是放弃旧有的自己，是卸下职场女性的独立，是随风飞逝的梦想。**

坊间成堆的教养书，网络信息只要愿意打个关键字搜索，只需再少一点点的睡眠，学习当个认真妈妈照书养大孩子，还不是什么解决不了的问题。渐渐地你才发现，你从女人走进名为“母亲”世界，他笑你笑，他哭你哭，他成长的每一颦喜怒哀乐就是你的心灵源泉，你与孩子紧系的忙碌生活让你再也无法与“独立、梦想、优雅”等现代版新女性形容词连在一起，你似乎可以明白卡夫卡所说：**“此生的快乐不是生命本身，而是我们向更高生活境界上升的恐惧。”你的莫名孤单与不安感，原来是为了挖掘出身份转换后不同凡响的自己。**

你知道你已经很棒了吗？别哭，别哭，你仍是自己，而且是升级版的。

其实，身为母亲才懂的牵绊，是你专属的幸福。

亲爱的，你莫名的孤单感就要随着儿子午睡醒来消散了，傻笑着擦去眼泪的你，仍旧会对着一个尚不会与你对话的人说天说地，**这是当妈之后才能体会的“妈式孤独”，是明明有人让你忙却无能诉说的单向寂静，一个心头肉读不出你的心却占据你的心，然后你就甘愿为他裸露你的心。**

原来这叫“母性内驱力”（Maternal Drives），是成为母亲后，从心底如泉涌般倾出来爱护孩子的内在动力，也是幼儿依赖于母亲的标记。你与他此生将展开一场永无停歇的拉锯战，有时是他略胜一筹，病了一场让你哭得肝肠寸断、废寝忘食，你明白这小牵绊让你的生命有了重量；有时又是你遥遥领先，孩子成天像车尾灯一般无论你去哪儿、做什么，就连上个厕所他都要黏在你的脚边巴着，他仔细盯着你的每个动作，深怕一转头妈妈就忽然不见了。身为全职妈妈的你，每个日子都因为他而焦头烂额，却也充满无与伦比的美丽，你自嘲自己怎么爱这孩子爱得无法自拔，爱到偶尔想起过往的自己也只是悼念而已，因为，你愿意与孩子共同守护属于你们的幸福。

你没有失去什么，你只是需要去开拓新的一亩田，接受莫名孤单感的灌溉。亲爱的，忠于自己清单里结婚生子的选择，然后勇敢地以妈妈的身份，为升级版的自己再出发吧！**“牵绊”是母亲专属的幸福，是一条就算剪断了，也抛不开的无形脐带**。

抉择：勇敢选择当全职妈妈

一直很憧憬有个自己的房子，落地的窗户有穿透进来的阳光，满满地，洒进整间木地板铺成的客厅，连纹路，都可以看得很清楚。

一直以来，这个画面也都没实现。哦！还有白色纱质感的窗帘，有没有存在都没有很大的差别，可能就是阳光多了点层次感，有的朦胧，有的刺眼。成家了，虽然没有梦想中的空间，但心，着实有了“家”的踏实感，终究明白，房子不算家。“房子”是建筑实体上的概念，“家”是心里的港湾，

还有如大手臂般的防波堤，把大浪打碎，把温柔留住。

没什么好怕的，没有吗？

“妈妈”，你是妈妈了。莫名其妙的，你已经

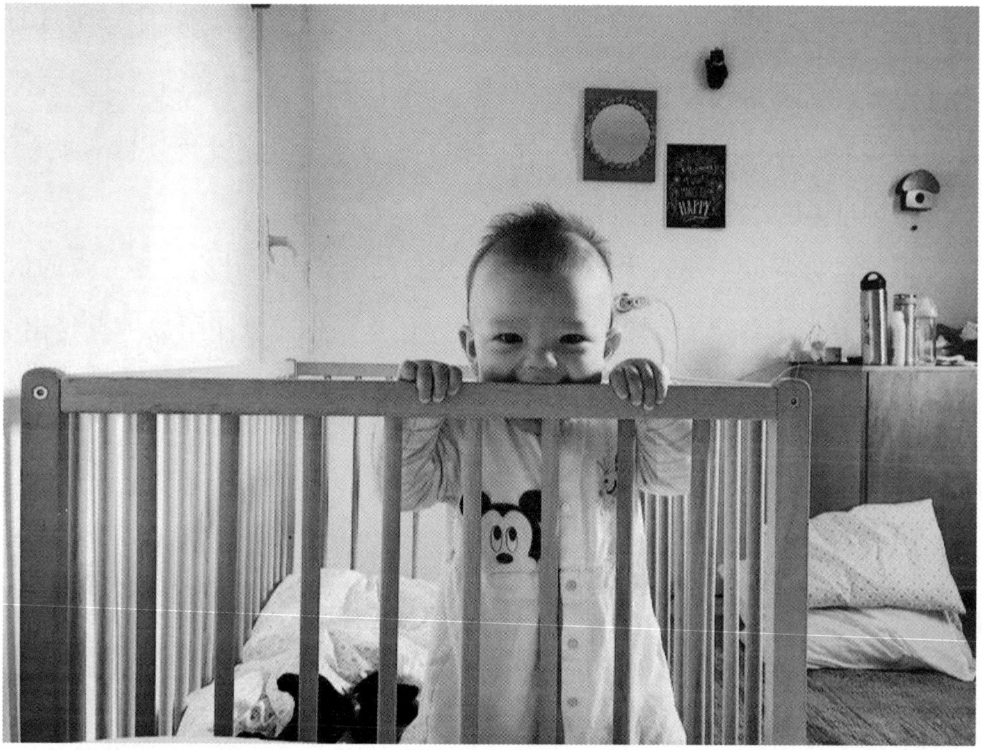

不是悠游在平静港湾内的鱼儿，而是承接了碎波的责任，前线的花木兰。

“不同的生活让你变成不同的自己”，原来这就是当妈的样子啊！也就是在某天某个关于小家伙的战役发生过后，心里的那片祥和冉冉，你底心就住着一个家，有了守护的勇气。像风一样暖暖吹起白色窗帘，所追寻的，不过也就是被“满足感”灌注后的绝对平静，有点像别无所求那样的单纯。

你希望你每一天都知道你在做什么，为了些什么，你必须这么努力。

加上孕期，成为妈妈的角色也要两年了。日子不知不觉被切成用儿子的成长来计算，第16周、第32周、第40周又3天催生，接着，满月、5个月的卡介苗、一岁的庆生、14个月学会走路。这样用另一个生命的茁壮来看待日子的感觉，就真的是一位母亲的感受吧，好像熟悉了30年的你被淡忘了，有些属于自己的一部分，扬长而去。

可是，你却能够从每天的忙碌里感到自己也长出些什么，多一点的认真？多一分的干练？自己也惊讶的耐心？还是，你练就了可以一直付出、一直去爱，一直把青春时期的自己搁在熙来攘往人群里，只单纯地接受现在与儿子的简单快乐、无奈傻笑，还有火冒三丈，这些回头看来或许才真正弥足珍贵的琐碎日子。

因为爱。是啊是啊，从第一眼看到他，你就知道，你会很爱很爱这个他。

想牵着他的小手一起一直走，想用脚踏车载着他转啊转地前进，一分开，就会怀念空气里一大一小的对白。如果能够发现，这样的平凡即是幸福，那原来憧憬的那一大片可以洒进和煦阳光的落地窗，就已宁静地坐落在心底，悄悄地、无声无息，守着。

“反正你在家很闲”“育婴假不用工作，好好呀”……别人对你残酷，不代表你也要往自己心里扎针；社会对你指指点点，那都是你管不着的声音，只有你自己可以给自己像样的温柔。**你正是在为了自己定义的“家”，而勇敢成为不在计划中理想的自己的模样，因为你是那么努力地想要当好一位母亲啊！**

亲爱的，在怀疑自己现在正在做的事的时候，你要学习怎么和自己的“选择”和解，怎么从“犹豫”中拨见曙光，用很多很多的孤独寂寥，淬炼成一种名叫“心甘情愿”的倔强。

放得下和给得起同样都不容易。望向心坎的那一方阳光，摆荡的天平得以平静，从冲刺的职场中，中场休息，育婴留停。你相信，陪孩子成长是最好的礼物。嗯！是你给自己人生的一份大礼。

那一刻

重新体会赖床的美好之后，你发现，原来都是因为儿子就这样长大了。你不再半夜被打断睡眠，不再手足无措，不再披头散发撑着黑眼圈。对于哭声，你学会处变不惊，儿子摇着你用哭腔喊："妈妈起来，喝奶奶——"不过是晚一点喝早安奶而已嘛，"宝贝，再让妈妈睡一会儿……"挤出这句话后，你随即又昏睡过去，应该再睡一下就会睡饱了吧？！

没想到，下一回合自然醒，已经是两个小时过后。啊！你满心内疚，儿子自己在一旁玩了这么久啊！他忍着不喝奶这么长时间，眼巴巴在期盼你醒过来啊！**你突然惊醒，是真的惊觉，时光陪着你带大了儿子，你以为你现在的一派轻松，来自于你对于全职妈妈身份已"上手"的关系，其实恍惚之间，是儿子让你逐渐做回一点骨子里的你**。他不懂什么叫不要你辛苦，但是他能体会赖在你身边的好，只为了等你张眼看看他。

他不知道自己的到来，曾经占据了你的全部，但你却感觉"得到"的比"失去"的多。**是能够取舍了，也勇于改变了，才把原来的你榨出许多没有退路的认真，你渐渐懂得什么叫"全心全意"，因为你就是儿子的"一心一意"，你怎舍得不真心真意爱他。**

记得第一次自然寻乳反应的那位小外星人吗？你全身还受苦在疼痛中，不清楚是如释重负，还是长征才开始。看着清洗干净被送进你怀里的孩子，你灵肉分离，浅浅满足的微笑、撕裂处渗血，随导尿管流出。

奋斗过后期待好好睡一场，但午夜钟声敲响……“妈妈，来喂奶喽！”孩子的本能与你的笨拙是好讽刺的对比，母乳不够、宝宝不会吸，你沮丧至极，对自己失望。

“我可以的，我再试试。”

“妈妈，宝宝已经结晶尿了，体重掉太多，建议先给配方奶！”

配方奶……然后，你别过头偷偷就掉泪了。当初的自责感为什么这么重？你还不能体会怎么做不完美的妈妈吧！所以用社会的眼光摧毁你的喜悦，事与愿违，只觉得好疲累、好心疼、好想做好。

刚当妈的那时候，怎么那么辛苦啊的时候，已经是要“回想”的事了吗？孩子第一声“妈妈”、长的第一颗牙、第一个戒掉母奶的夜。时间啊时间，

再等等嘛！那些辛苦，怎么那么快就过去了呢？是啊！都会过去的。

朋友问你："不觉得当妈妈后生活很没质量吗？"你完全不觉得。如果断言孩子是来打乱既有生活的，那只会继续自怨自艾那些日子里的出其不意与兵荒马乱。

当妈妈是全世界最有"质感"的事了！

岁月会累积你"待人的智慧"和"不肤浅的美"，外貌的艳丽绝比不上内心练成的温柔，你被刻凿出耐操、耐磨、耐烦、耐拉扯的特性，你的喜好决定了儿子的样态，生命经验的资料库会因他"纯粹的爱"而扩充。

"妈妈早！"儿子捧着你的脸庞，他的眼里有你，你多么喜欢他给你不露齿的笑容，像是腼腆地说："终于让我等到你了！"

"走吧！妈妈泡奶奶给宝贝喝。"你希望用一瓶奶弥补让儿子等两小时的愧疚，后来你才明白，他多么在乎你醒来的"那一刻"，那表示专属于你们的一天又开始了。那种感觉有点像：你无所谓儿子在肚子里十个月不相见的等待，因为等待为你带来更多期待，在彼此真正照面之时，一切都值得了那样破涕为笑。

你开始明白时间的残忍与美丽，它让孩子不舍昼夜地长啊长，而以为不堪入目的自己，其实正是踏实去爱的静好岁月。保养品过期再买，退了流行的衣服再添，松垮的赘肉有心能再练，头发掉了会长就好，追不上正红的剧，有网络和影片出租店。只有孩子，**他的长大不会像电影上映那样还有二轮，仅此一次而已**。

儿子偎着你睡着，在睡眠中长大；牵着你站稳双脚，在步伐交替中越走越远；儿子循着你的引导，搭建他的人格、态度与道德价值观。他依着你直到羽毛成熟，开拓属于他的一片天空，而你，却是要学着将原本直接的爱收敛起来，把依着他的心化作无形的支持。

所以你才不怕当妈妈那前几年的失去，是因为如果没有那些失去，你会遗憾。

所以你才不怕累，是明白天底下没有不累的守护，那些含辛茹苦回头看来，会变成记忆。而每一个人的故事，都是生命记忆堆叠的。

亲爱的妈妈、辛苦了的你，亲子间的每一刻都是"那一刻"，都会过去，都该珍藏，都值得最好的彼此。

与自己来场约会吧

下班时间，你像过去几年通勤一样，坐在同一路线行驶的公交车上，惯性地选了靠左的位置，一个人，在车潮里望着鳞次栉比缝隙里的彩霞，等着一身的疲累，把你送回家。

将近九个月了，育婴假换来的全职妈妈生活，让你好久没有离开儿子一整天，去做一件过去自己很熟悉、很熟悉的事。今天，你回到教师的身份参加研习，慎重地把自己打扮体面，还上了淡妆。突然间，要踏出与儿子生活的小宇宙，去面对那些存在于平行时空里的人群，你感觉有点忸怩，又有点怀念可以像过去那样，大声地对远方走来的熟悉面孔相互打招呼。回到专业领域里的三个多小时，伙伴们彼此激荡《聊斋志异》鬼话连篇里藏着的深深寓意，你好享受这每一刻都显得弥足珍贵的知识洗练，欲罢不能。

不过，就这样独自一人漂亮出门是有代价的。儿子没想到你出门没把他带上，他又哭又急跑来巴着你的腿，你对他说："宝贝今天跟外公喔，我们说好了呀！去找外公吧！"儿子以为跟以往一样，出门前要去跟外公说再见就好，于是他转身挥挥手，你在此时快快说了声"拜拜"便关上门。

刹那，门里头传来响亮的哭声，就像回音一般，在你心谷里不停回荡。

你人是坐在教室里，也很喜欢研习内容，却无法克制自己走神，想着儿子现在在做什么呢？他哭了多久呢？跟外公去哪里玩呢？还会偷偷拿出手机看儿子的照片傻笑，就连休息时间聊的都是儿子的趣事。**心头冉冉升起四个字："回不去了"，回不去过往一身无碍又莽撞的自己，还有"一个人也很好"的潇洒。**回家的路上，你不确定是熟悉的路线和座位让你感觉与过去的自己有连接，还是现在的自己也在同一班车上，看见了过去每一天如此通勤的你？

亲爱的，你有多久没有去找寻记忆中自己的模样？那是一种，与当母亲很不一样的自信，动作干净利落，话说得淋漓尽致，连咖啡都能跷着脚喝上两杯。你曾经不服气些什么，眼泪也不争气过好多次，狼狈不堪又孤军奋战的菜鸟日子，却扎扎实实地烙成生命彼阶段的印记，是笨拙的自己长大的痕迹。然后，长大后的自己，却回到婴孩说话的模式，"车——子""对！大——公——车——"或是"坐好哦，好棒哦——"音调高八度加上精湛演技，现在的你，领着另一个生命认识世

界，在脑海里的时空，偶尔会交错在过去的记忆与未来的想象里。

亲爱的，独自搭公交车是不是轻松得有点不习惯？明明就马上要被拉回那不为自己忙却焦头烂额的日子，仍归心似箭！儿子一见到回家的你，马上噘着嘴，两泪纵横，双手紧紧环在你脖子上，腿也用力夹在你的腰际，好像说什么再也不允许你丢下他那样，你何尝不喜欢被人放在心上牵挂着。一头栽进“家庭”九个月的你，新生活、新身份、新关系，一切都还在学习的路上。

做母亲不是你擅长的事，但一声声“妈妈”，早已成为你生命中不可承受的轻。

与过去认识的自己约会很好，你却卸下全职妈妈的担子，享受自由被唤醒、被抛光、被触动的快感，那种距离与思念很短，却让偶尔挣扎的你相信，现在选择全时陪伴儿子的自己是没有后悔的，正因为走过来的每段岁月都会有痕迹，做母亲头几年那极度被需要的日子，才更加显得凤毛麟角。

有时候你不说话，你都在思考。亲爱的，你知道吗？**你的初衷，应该是不论你做什么、成为什么样的自己，也无论你在哪个时空、哪种角色里，都要展现身为女人的自信，自信都是在每一个投入的当下，一点一滴磨出来的。**那，既然做了全职妈妈，决定实践亲身的教育，你就要好好加油，先别猜想儿子会变成怎么样的人，至少，未来的你，一定会很感谢、很感谢，自己有过的认真。

不被领情的爱让你好受伤

把歪七扭八、泥鳅般的儿子硬是塞进餐椅，又在他挣扎蠕动中扣上安全扣没夹到腰际肉后，你披头散发，一屁股跌坐在餐桌前，用鼻子大力呼气，瞪着他的哭泣。

什么时候开始的？是他拒绝好好坐着吃饭这件事，还是你怎么会变得如此蛮横？你最不想这样了——针锋相对。

那些七横八竖的负面情绪挡在你面前，会让你看不见眼前这个小家伙到底在闹什么，“就是给我坐下吃饭”这句话不只让儿子哭得更惨烈，你的心也在下倾盆大雨。

不是说好今天也要好好爱他的吗？前一晚睡前才亲亲已经入睡的儿子，满心后悔凶了儿子，你告诉自己要收起对他发脾气的坏口气，要两个人好快乐地牵着手散步聊天，一起叠很高的积木。可是，今天才过了一半，儿子不领情那碗“只有他才有的活菌有机猪肉饭”，你把好的都留给他，却换来跳针式的连环“不要不要不要……”被拒绝的当下你气急败坏，到底是他不懂，还是你执着，是他脱序，还是你走样。

“你继续哭吧！等你哭完了再来吃饭。”于是你开始一个人吃起来，是外带的咖喱饭，什么肉都没有就要60元（台币）的白饭加黄酱，“这样省一点。”你对自己说。那家开在骑楼的店你从来没去过，纯粹就是赶着吃饭时间到了，带着孩子骑电动车不方便抱上抱下，况且篮子里有太多刚采买完的晚餐食材，不久前才车头重心不稳，为了撑着还有儿子坐在上面的整台倾斜的车，你的左大腿被划上长长一道伤痕和瘀青。

“有人在吗？”

“来了。”

“一碗咖喱饭外带！”

“要不要加猪排？”

“嗯……不用，谢谢！”

你很饿很饿，把儿子的哭闹也一起吃下去，把你过去在爱情里的记忆叫出来。你与大学时代的男友，在午餐时间到学生餐厅叫了咖喱饭，其实你们俩吵不起来，而是彼此生着彼此的气。他不爱说话，而倔强的你总是在等他说话，埋着头一边扒饭一边掉眼泪，受了委屈，他为什么不能轻轻握住那只无意识、一直把饭送进嘴里的手就好？于是你们走散了，那是所有伤心结痂后，再也滑顺不起来的爱情。

想起了昨晚说“要好好过好今天”的约定，总要有一个人先温柔。“哭完了吗？妈妈肚子好饿，我们一起吃饭吧！吃完饭，来吃西瓜哦！”你说。儿子不哭了，你帮他拿起他的汤匙，他伸手来“窃”走你唯一一朵西兰花配菜。“你想吃我的菜啊？好啊，只有一个，给你吃。”然后他撕下一小条给你，于是你们和好如初了，你们不会走散。

你不想自怜或是生对方的气，因为你开口镇压住儿子的时候，你有多讨厌那样的自己。你会不小心生气，来自于你真的好希望对一个人好的时候他能够知道，要他不要伤你的心。可是，当你的人生拥有了一个崭新的生命入住后，向来是自己掌握的舵，就会驶进一片更多大风浪的海域，抓得紧紧的话，反而会伤了自己、断了舵杆。

亲爱的，把心头的泪擦干，也把强势的模样揉一揉吧！

你终须明白，爱一个人，不是一味的给你想给的，而他就一定要照单全收那样；而是无论他收不收，你仍会接受他，并且继续爱他。

娘家是最坚实的后盾

● 当妈才懂妈的好

你带着儿子去找你的母亲，她在这座岛的另一个尽头，那里充满阳光。自从儿子出生后，你发现自己与母亲好像更亲近了，虽然有时你仍觉得母亲同样一件事可以重复叨念五六遍很麻烦，可你已经完全明白这是她爱孩子的表现，她真的非常担心你好不好。

极度排斥电子产品的母亲，终于知道有种东西叫Line（一款即时通讯软件），不但可以免费打电话还可以零距离见到彼端的人，所以，她三五天就往小阿姨那儿跑。信号极差的田野里拨来的视频通话，常让你讲到快抓狂，她总开心地说："有什么关系，我这儿可以看到孙子就好。"可嘴里满是叮咛你的话，不小心画面扫过你时，母亲瞥见你的倦容和凌乱的模样，算算个把月没见了，她曾经是职场老板，盛气凌人的气势又拿出来，要你带儿子下去喝她拿手的十全大补汤。

"一个人带他搭车下去很累啊！"

"不会啊！我去高铁站接你们，来了之后我和阿姨可以帮忙顾孙子。"

她变了，似乎更愿意听你说话。其实，大学时候的你，因为自己的任性，和强势的母亲僵了三年多，你们母女俩一句话也没说。你不后悔当时选择了爱情，但你真的很抱歉、很抱歉，伤了母亲的心将近一千个日子。

“她都什么时候流泪的？”**当了妈妈的你，曾因病隔离儿子一周没见就已思念的夜夜哭泣，这时候你才开始感同身受，回过头谅解当时母亲让你窒息的爱是怎么一回事**。人生很多关卡，真的要自己走过才知道。幸好，现在一切都很好，你悠哉地吃着母亲料理的松坂肉、煎牛排、深海鱼、药炖排骨，看着母亲喂食爱耍宝的儿子而笑得合不拢嘴，不时还转过来拍你的脚，不免啰唆：“跟你说多少次不要跷脚了！”

天下的妈都是一样的，总是很甘愿，很不辞辛劳地为孩子忙着。

“可以回家当女儿真好。”全职妈妈变成母亲来当，还多了称号：全职外婆。她和小阿姨把煮饭、洗衣、采买、陪玩的活儿都挑去做了，就是希望你好不容易回来一趟可以好好休息。母亲本来还要帮儿子洗澡的，她才刚煮完晚饭伺候好大家的胃，自己都还没坐下吃饭呢！她就是无条件地想为你做好全部的事，特别是你不再是她天天可以见到的女儿。

亲爱的，你总算体会到，一个人可以是另一个人生命的网，有着各种形式的爱，从孩子天马行空的星球轨道，转出你和他的小宇宙。无法预测下一秒自转去哪儿的孩子，与成天绕着他公转的你，若干年后，你只希冀他懂你盼的“蓦然回首”，在黑暗中一眼望见你守候的灯火阑珊。就是那种：“我在，我在，妈妈在这儿。”这是谁都给不了的安全感，从你的母亲，到身为母亲。

琐碎的家务事，乐此不疲的背影，你好像看到未来的自己；**你要开始谱出自己的幸福，用倦容里被凿出的柔软弧线美丽自己；也只有你，能把最微不足道、把屎把尿又被当玩偶的那些日子，化成坚强与温柔的养分，在放手那天，不卑、不亢，无怨、无悔**。只希望大了的儿子回家时，能津津有味地享受你用心准备的饭菜，那肯定是用无数个日子的等待盼来的。

也就是如此的体会，你也当了妈妈后，过往青春的叛逆和与母亲的心结突然间就消散了，你可以站在一样的角色去了解做母亲的心路，真的不是每个人都能学会坦然放手，就算你大了、她老了，她仍在你需要的时候飞去守着你，在你委屈时劝着你，在站台望着你和孙子搭的车子驶出视线后，仍在空气中寻找你与她拥抱道别的身影。**亲子的那份情感是一弯温柔的虹，它没有尽头，它的美丽需要一点距离才能突显美感**。

母亲还是母亲，她或许还有那么点儿职场女性颐指气使的味儿，但你只知道：你不想再惹她生气了。

有妈，真好！

● 在你身上我看见，自己可以是一个怎么样的母亲

那个当初极力反对你和他结婚的人，现在变成了你坚实的后盾。

无论你曾经怎么伤过她的心，偏偏就要跟她看不惯的男人谈恋爱，被惨骂时，你任性地与她硬碰硬，索性赌气不说话，或是粉碎了她加诸在你身上的期待，她还是会在你愿意对她裸露伤痕时，深深地叹了一口气，然后轻轻替你上药。

“过来！我看。”她才说了这一句，你便啜泣了。好累，你干吗跟她呕气，你明明最清楚她的强势，还有她用冷漠伪装起来的关心。

你以为你长大独立了，可以过好自己想要的人生，但你高估了你的幸运，当妈妈后遇到的挫折和孤单，让你的心狼狈地哭过，求好心切却又不知如何是好过，在学习温柔与坚强的过程中，是你就算很努力但还是会坑坑疤疤的，看着怀抱中的孩子，然后你会想：**“她是怎么熬过来的？”**

你一直都不想跟她一样，太强势而把孩子推得远远的，满满的关爱却鲜有说过爱你。小时候，你不记得她是否参加过你的运动会，只是真的好

羡慕同学们拥有你被禁足那七年所没有的青涩友情；当时你不懂，她没命似的工作要背负多少闲言闲语。是职业妇女，也是家庭煮妇，你知道烧得一手好菜的她，很少坐下来和你们一起享用，她实在太忙着收拾，赶着做下一件事。

大学时，对于她不满你爱上的男朋友而说出“断绝母女关系”这句话，是搁浅在你心里的裂痕。那是一种极端的爱，太多的担忧而窒息了你与她之间的情感；因为是她的女儿，你杠上她，来自于你们太像了，一股不服输和不低头。

后来你们和好了，但没有再次相认的抱头痛哭。你相信，你的生命经验还是把你灌溉成不同于她的性格，处处防备着别长出她为了保护孩子而生的刺。但不知道为什么，你爱她总需要一点距离，才显得母与女的情可以不离不弃。

岁月磨圆了她，钝去了你的棱角。你也成为母亲后，更懂得自己想要经营怎么样的亲子关系，然后明白，你心中最踏实的支柱，是她；而她能回应的，永远比你想象的，再多再多。看着她弄孙时笑出鱼尾纹的眼角，嘴上说不累却气喘吁吁地陪着爬上跳下，嚷着要你趁机去躺着休息。进房门前你回头浅浅笑了，是释怀爱的各种样态。当初她的反对，藏着千万个舍不得你吃苦。

龙应台写给年迈失智母亲《此生唯一能给的》的信的结尾：**“在木棉道上行禅时，我对自己说，不要骗自己了。此生唯一能给的，只有陪伴。而且，就在当下，因为，人走，茶凉，缘灭，生命从不等候。”**这句“生命从不等候”，激起一阵酸楚往心头猛然锥去，湿润的眼眶模糊视线，你又想起母亲上周末突然从屏东独自搭车来台北，她肯定是缠了小阿姨上网给她看你的动态，默默知道你受委屈了。隔天，便全副武装北上，双手拎着装满给你补身子的海鱼，说是当天一早直接从海港市场买到的。她好兴奋，像孩子一般拨电话给正在上班的你，即便你漏接了、让她等了，她仍是一句“你先忙”。可是，你为什么要让逐渐走向生命黄昏的她等？

为了孩子，母亲如此慷慨倾囊，她到底欠了你什么？

唯有成了母亲之后，才意识到那些从未计较过的付出。

印象中那位盛气凌人的女强人去哪里了？怎么就甘愿受女儿的脾气，凡事遵照女儿的指示了呢？这个略藏不住老态的女人，她什么都愿意为了你做，无论如何，只希望你好好的。

“我买了一辆三轮车给孙子哦！”她好疼爱他。

就算不想要和她一样，抓太紧、爱太累，但你很感谢，**在母亲这面镜子里，能够时时省察自己，让你记着，你千万不想要变成什么样子，还有，你可以成为什么样的母亲。**

不着急

有时候很焦急，什么都在赶，还没出门就为了准备妈妈包里的各种行头而满头汗，跟爱丽丝梦游仙境的兔子很像，总是来不及啊来不及！

“宝贝，去拿鞋子穿！”“快点，车子去放好，我们要出门了！”其实半小时前你就已经这么说了，你还没成功踏离家门，他也还没放下车子去穿鞋。

孩子来了之后，你常常会发现自己利落的那一部分，不小心就跟你走失了。“不好意思，我会晚一点到！”你讨厌迟到，说有人偏要给你拖拖拉拉的也不是，明明你可以早一点开始动作的，只是，妈妈天生有容易被作对的体质：交通、天气、小孩……推个车连找无障碍电梯都想翻脸，下一班才有低底盘公交车所以要再等半小时，还有还有，一条本来20分钟的路程，会因为人行道上举办的超级障碍赛，左弯右拐，压车撇车，30分钟后还在轻功腿上飘，可手却要抽筋了。

“快不起来”也让你学着细细去感受“爱”，你等小小的他找出书里指定的图案，安静等他心满意足说可以翻页时才翻；盯着他不灵活的唇形，

努力地挤出一句很想让你听懂的话；压抑想帮忙的渴望看他好好笑地发脾气，轨道瞄不准好多次后总算组装起来，嘴角上扬挂着藏不住的成就感。怎么他调皮捣蛋时的模样，你都舍得放下手边忙碌的事，偷偷观察他是拿自己怎么办的呢？

很多你们在一起的时光，要到你抬头看时钟，才知道原来时间已经游移了那么一大段距离了。**但是好像你与过去转速很快的自己告别也没关系，有一个人的存在，超越时间的流逝**；只要与孩子偕行，他的感官会像健达出奇蛋般，打开你另一扇窗世界，时光沙漏粒粒分明，是前所未有的踏实。才发现，他就是这样的一个他啊！**不是你陪伴他，而是你依赖着他，交于那无形的日积月累，甘之如饴地任儿子扩张你的生命，转变成一个没想过会这样的你。**

风吹来带有丝丝细雨的午后，阳光把小水滴折射反射再折射，彩虹挂在远处家的那头。他的推车挂满妇幼展抢购的物品，重心左倾，你被过站不停的公交车气坏了，索性把“原地等待”换成“往前推进”，不介意就这样从这一区漫步到那一区。儿子把映入眼帘那些知道名字的事物都告诉你，你觉得自己沿路都被爱着，**你们的爱因为不着急而加乘**。然后你们走上一座桥上，每次看到这座桥，你就知道家快到了，但过去的你，从未以低于时速70公里驶过，更别说停留在桥的中央。你必须要贴在他的耳边说话才行，**身旁呼啸而过的车潮与桥下运动的人，和你们俩是很奇妙的对比，而你突然很感谢，狼狈的自己终究还是学会慢下来了。**

孩子指着那朵云大喊：“妈妈，那里冒烟了！”顺着他手指的天空望去，你就莞尔了。这趟一万步的路程，可以得到一份只有你有的天真直率，一点儿都不辛苦。

当妈后，你遇见的那位不利落的自己，是可以慢慢的，也可以柔软下来的你。

亲爱的，无法快起来好像也没那么不好，你学会腾出心去感受，那些根本不是被浪费掉的时间，和不需要急着赶路的人生。

只有孩子，他浑身上下，都是时间滋养的痕迹，怎么长大得这么、这么快。

回归职场后的内心拉扯

全职妈妈近两年，今年二月，育婴假画下句点，你重回职场，开始兼顾妈妈、妻子、女儿、媳妇、老师、同事等的多重身份。周末这天，你正在厨房忙进忙出，希望能好好为家人准备一顿好吃的，但两岁的儿子不时来找你说话，中断你的动作：

“妈妈！请来跟我玩！”

“妈妈！来看《好爱好爱你》吧！”

“妈妈！煮饭会很快吗？”

“妈妈！这里有火吗？”

“妈妈！这个车子门可以打开哦！”

“妈妈！你过来看宝贝好不好？”

儿子会冲刺过来抱住你的大腿，在你煮饭的时候频频干扰你，每次拒绝他的邀请，你的心里**有种“愧疚感”说不出来。他不是不能一个人玩，虽然明知你要忙一家的晚餐，却更希望，妈妈你能在仅有的不用上班的周末时分，多停留在他身旁一点。**

所以你没有被烦到恼怒，你读懂他心底的渴望，一边洗菜热锅，一边哄着他，很纠结的时候，把他喊来，给他一抹微笑、一个亲吻，再看他滋滋地跑掉。特别费心炖煮浓汤，他拾起玉米切粒时喷洒掉落的小颗粒，一颗颗问：“这是什么呢？要吃吗？”像个小地鼠咚隆咚隆在你周围好奇，等到反复把每一颗都丢进厨余垃圾桶的时候，他拍拍手呢喃“好了”，便干干净净地溜走了。

没多久，听到果汁机运转的声音，他又跑来了，就只是出一根手指头按着开关键，把你盛进去的红萝卜与马铃薯绞碎，他发亮专注的眼神，傻呼呼发现新大陆的得意。**这是一起忙碌的声音，打进儿时记忆里的妈妈味道。**

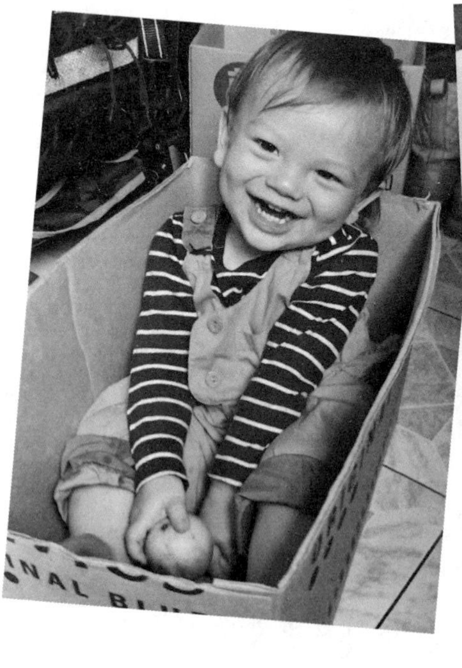

从全职妈妈到职场妈妈，内心总在拉扯。

已经不再是全职妈妈了啊！一周有五天你们只能把彼此惦在心里，就寝时一个故事勉强念完，聊聊天后再打几个滚，你常是那个先败阵于疲累的，面对难掩浑身是劲还兴奋于妈妈回来了的他，不得已大声喊："宝贝！躺好睡觉，妈妈很累了！"还来不及回个吻修饰一下罪恶感，翻身就醉在月色里了。

把洋葱切末时，你难掩那刺鼻的呛味，撇头用力眨眼，是要让眼泪洗净那辛辣，却正巧看向小家伙，他蹲在餐桌旁的地上看书，自己对自己说话，这画面让你突然一阵心酸。

他不要你的满汉全席，他也不是故意要中断你的厨娘时间，惹麻烦与十万个为什么，不过是要你的陪伴与注意。他可以吃得简简单单，是你要大费周章，所以到底是爱心餐，还是舍掉难得的陪伴换来的一餐？看家人吃得津津有味时，你以为那便是幸福，可是就像是每一次的选择，总是会得了些什么，却也放了些什么。

日常日常，其实日子也不必然那般平常。**孩子每分每秒都在长大，当你惊觉他又懂得更多了的时候，就更能体会平凡日常中的不平凡了。**

你想起另一个周末的中午，儿子本来开心沉浸在车子与轨道里，一会

儿他好像想到什么似的，跑到厨房向煮饭的你问道：“妈妈要上班吗？”即便当时抽油烟机声嘈杂，你仍听出这句话在他小小心灵里的分量，重要到足以中断他最爱的游戏。这不是问句，不是在疑惑“妈妈你今天怎么在家”，而更像是，一种盼望，盼望“妈妈你一直都要在家好不好”的转换说词。因为他实在太担心哪天睡醒，妈妈又留下他独自外出，只好这样说出口的感觉……

亲爱的，真正的爱，是陪伴，是不求效率也无关于长短的。所以，别愧疚了，生活就是不断地在选择，只要不感到委屈或牺牲就好。

当回归职场成了不可忤逆的事实，何不给予彼此成长与酝酿的空间，然后在相依偎之时，全心注满再上路的能量？用心陪伴十分钟，会胜过心不在焉的一整天的。

不求两全其美，但求无怨无悔。维持家庭与工作的平衡，调节疲惫与转换情绪，是重返职场后的你，今后修练的智慧。要相信自己，可以做得很好！你好，孩子好，大家都好。

婚姻里，女人不做理所当然的仙杜瑞拉

我结婚前，母亲老说我是“**生活白痴**”，当时每每听到心里就有气，又不想顶撞她，心里总替自己辩解：“我才不是咧！是我不想做。哼！”但事实是这样，从小我们家三姐弟，都会分担做家务，可有三个孩子啊，难免就是会推拖，当“老大”的“女孩”自然而然也莫名其妙就出现“多承担”这样的标准，让我做起来心不甘情不愿，当心不在焉地做时，那句“生活白痴”就会飞到耳边，至今仍回荡在已成家的我心中。而且，家事没做好又不代表不会生活啊！

不只是母亲，我的父亲也曾在我弟弟们揶揄我的时候，回说：“想都不敢想有一天能吃到女儿烧的菜。”他们真把我当个不爱做家务的人，我也就如他们所愿，**“反正你们就是觉得我不会，我就真的不做给你们看。”**

听起来很幼稚，不过，**如果家人真的要把“我是大姐、我是女生，我就该理所当然扛下所有家务”这个观念强加在我身上，自己心里到底还是不是滋味，家人越是夸大其词把我形容得像个公主，我就越反骨地不想把自己搞得像个仙杜瑞拉。**

结果，婚前，我的荷兰公婆竟然也在我们夫妻俩面前说：“我觉得你们应该请个打扫煮饭的女性……”**我怎么，会被看得如此“不女性”**。

育婴假至今半年了，家里不是一尘不染，但看起来还算干净，儿子和我很享受每天在一起的日子，我们一起去买菜，一起读书，一起听音乐摇摆，一起去公园游戏，一起煮饭期待家人回家开动，四菜一汤是基本，家庭主妇这角色我做得算及格吧！其实，我自己也以为我不会喜欢不上班的日子，甚至没想过有天自己会是全职妈妈；老公反悔自己要当全职奶爸让我回去上班这件事，我答应交换后，倒数的日子里总是莫名恐惧，不知道自己可不可以胜任，这真的不是我擅长的事。

都是母亲太能干了！一位20世纪50年代出生的客家女性，创建了五所幼儿园，三四十年前执行蒙特梭利教学的先驱，我对她的印象却是烧得一手好菜，服侍奶奶又喂饱我们三个，每天都还有丰盛的便当可以带，逢过年还女超人似的把所有纱窗都拆下来洗刷，每个角落都不放过。被这样的母亲念“生活白痴”，应该不算太差吧？父亲会挑嘴一定都是她养成的！搞得现在吃不惯女儿的菜，三不五时就嫌饭太硬，他牙齿不好。

我问他：“那你都放多少水？”

“凭感觉。”

“……”

老公回家，第一件事一定先给我个吻，然后再亲儿子额头。不管我煮什么，他总是吃得津津有味；不管好不好吃，他总说好吃，不管那道菜煮起来费不费工夫，他依旧搭着我的肩说声“谢谢”。**老公经常说感谢我的话，**

更夸赞我让他大开眼界，逢人就说我煮的菜有多美味，说结婚前他完全不知道我还有这一面，所以我的育婴假算是他“重新认识老婆”。

对于老公坚持给吻的顺序，我想他完全掌握了西奥多·赫斯伯格那句话的精髓：**“爸爸能为子女做的最重要的事，就是爱他们的妈妈。”**

我永远都不想成为母亲那样的女强人，我也永远不会那样高标准地骂自己的孩子，虽然我生的是儿子，但他也绝对不会是“生活白痴”，或是把“女生就该做家务”这种观念植在他脑中。我怎么可能结了婚、生了孩子，就“叮”一般家事开关打开？又怎么可能请育婴假就马上会拿起锅铲烧一桌菜？

其实，母亲算是身教小成功吧？虽然她超爱叨唠我，但我看她做那么多家事总也学到些什么，或是看她把自己搞得那么“强悍”，我便告诉我自己绝对不要那么“死撑”。

做孩子的，就是什么都看在眼里。

我们夫妻俩，给彼此最多的就是“支持”。

“我支持你”说出来也太谄媚了，“支持”应该是两人相处上的一种态度：

只要对方今天多做了些什么平常不做的，“谢谢有你！”

只要对方发生什么不愉快的事，“放心，你仍然很棒！说给我听听。”

只要对方有什么想完成的梦想，“去吧！有我在。”

还有，就算老公不是百分百地赞同我要做的事，仍会因为“是你想做的”，所以支持并肯定我的努力，也因为这样的尊重与空间，我们都懂得

拿捏分寸。

“支持”是伴侣间要走得长远的一把钥匙，制造成分包含了感恩、体谅、同理和信任；每一道人生的困难关卡，只要夫妻二人齐心协力，就能解开所有的枷锁，我们都知道我们不孤单，我们有一座不奢华但温暖的城堡，那是我们的家；生活中不免会有所抱怨，但可别怨怼了那个要一起走下去的伙伴。

“归心似箭”这话用来描绘老公每天通勤回家的路上的心境，一点儿都不做作。

原来当家庭主妇，是这么期待家人赶快回家吃饭。除了星期一到五的老公、小孩、父亲，周末时弟弟们也许都还会带女友一起回来，想要那样热闹的场景，还得配上一桌的好菜，一开始弟弟们看到凤梨虾球、蛤蛎鸡汤、沙茶羊肉什么的，还会质疑这个印象中的公主姐，直言不讳：“哎哟！都是你煮的啊？”现在嘛，惊讶算是小小收敛了，“生活白痴”变成我们茶余饭后捉弄彼此、回忆童年的玩笑话。

不过，最麻烦的绝对不是要大费周章的准备，而是在开饭前用Line传：“姐，我们还在看电影，不回家吃。”真是的，时间久了，老姐会煮饭的惊喜感就这样没了。没想到也走到开始体会面对一桌的菜，空荡荡的餐椅，白忙一场的感受了。

培根有句话是这样的：**“在人生中，妻子是年轻时代的情人，中年时代的伴侣，暮年时代的守护。”听起来好像是女人嫁做人妇后，就任由岁月慢慢刻老，情人间浪漫的感觉会消逝一样，不过，我倒是觉得蛮有余韵的，**

两人可以相互扶持，不怕风霜那样，而且妻子多变的角色更不可或缺。

我右边喂着不断讨吃的儿子，一口接一口，左边是大口扒饭把菜清光的老公，父亲早就吃饱离席了，看着快见底的菜盘，虽然我没吃几口，心里却是满满的幸福感，我觉得我的存在很重要。母亲耐不住我们喊肚子饿，总让我们先吃然后自己“收菜尾”的时候，应该也是一样的心情吧？

我也不知道父亲是个传统的大男人，还是前卫的快闪族。我很少看他在母亲面前笑，但他在我们三姐弟儿时的记忆里是充满笑声的，如慈父一般地陪伴我们，他从来没叫我一定要做家务，都是母亲觉得我一定要做，不过我想父亲心里一定希望我跟大家闺秀能沾上一点边，可是又催眠自己不能去奢望吃到女儿亲手煮的菜；他内心应该是很挣扎的，一边是像风一样的女儿，田径赛跑得比男生都还快，一边又期待唯一的女儿能得到另一半的真传。

但，**父亲是非常尊重我的，也因为他的“放手”，我才能和这位非常强调男女平等、家务共同分担的外籍老公结为连理**。他的爱，要看见他在无法沟通的公婆前，用热情的傻笑和肢体动作示好时，才能明了“原来我是被爱着长大的”。

但是，不是每个人都能读懂无声的爱的。唉，对他而言，说不说不是重点，快闪吃完，然后碗筷往桌上一摆，宣告“我饱了”人就跑了，根本就是变相地叫女儿洗。我怎么会是生活白痴嘛！

我和老公交往后，煮给公婆吃的次数大概用十根手指头就能数完了，身旁的人老是羡慕我不用侍奉公婆，但“婚姻”本身的“诀窍”就很多，无关乎同国还是异国。单就做家务和煮饭这档“女人做的事”来看，我很感谢老公激发了我这个潜能，我还是“做自己”，没有“被”谁改变，而是因为这个新组成的“家”，我愿意去学着让自己“潜能开发”。

我想，如果老公也是像弟弟和父母那样刺激我是“生活白痴”，抱着先入为主的观念嘲笑我，那我现在绝对不会勉强“出得了厅堂，入得了厨房”，**我不是不会，为了爱，我当然愿意掏心掏肺，但我不是天生的“做家务的女人”，我也需要被鼓励与感谢**。

“家”是共同的，我愿意付出不是因为那是我“理所当然”就要做的事，而男人工作也不是拿钱回来了事就完成任务。

夫妻，必须要是分工合作，又有把生活大小事拿来“感恩”的习惯。我煮饭他就一定洗碗，我洗衣他就一定帮儿子洗澡，我挤奶他就一定洗挤奶器，我照顾儿子不遗余力他就努力工作养家。各自完成后，再感谢彼此为“家”所做的努力，即便是上大号没了卫生纸请对方拿一下。

当然，我们也很喜欢“一起”，一起讨论周末去哪走走，一起看一本书，一起行走天涯，一起去吃早餐再散步去河滨。

有了儿子后，老公和我还会一起欣赏儿子睡觉的脸庞，他常心满意足样地说，这位从我肚子里蹦出来的小怪兽有多么讨人爱，然后我们再阖上门一起坐在客厅聊天。

感谢的力量，真的比爱还大，哦不，是“感谢”本来就是“爱”里重要的元素。

再也不会有人说我是“生活白痴”了，其实我本来就不是，我只是不当理所当然的仙杜瑞拉。做他的另一半如是，做我们孩子的母亲亦如是。

做你想要的模样

以前你会嗤之以鼻，怎么有妈妈把孩子放下，自己跑去旅游个几天，这太不称职、太不应该了吧！后来你终于醒悟了，原来当时的你，也是社会各方情绪勒索“母亲”的一分子，尽管你从没说出口，心里却也曾住有自以为社会正义的魔鬼。

一学期的工作暂时告一段落，三周的假期，你安排了短短五天的自助旅行，就只有你一个人，意识层面啦，因为肚子里的小的一定得带上。打电话给你的母亲的时候，她一句：“你会想死你儿子！我不赞成。”便打趴你，说到底你绝对不会不知道思念的滋味，你有多爱儿子啊！但正是以爱之名，你才更要争取，努力爱自己。

没有人能有能力好好去爱人，如果他还没能先爱上自己。

你自己为自己正名，打破心中被世俗牵绊住的规范，要为自己重新出发。每晚与儿子视频通话的时间，其实才是你旅途中最喜悦的时刻，要忍住眼泪，听他说他好想你，他也要和妈妈坐飞机。**你笑着告诉他自己也很想他，**

但你希望你不在的时候，他也可以很快乐。他甚至穿上你的睡衣，躺在你的位置，闻着你的枕头香入睡，原来，他也知道怎么品尝思念的滋味啊！不用哭哭啼啼的，让你放心不下的那种。

一天上万步的行程，你所到的每一处，心中都盘算着这个地方适不适合未来全家大小一起再访；你采购的商品琳琅满目，九成都是孩子们的；在享受异国风情的同时，你早已不是过去的鲁莽少女，天不怕地不怕地往前冲，而是想着怎么平安走完这五天，回到所爱之人身边，责任从未有一刻松懈。因为如果有万一，就是永远不见了。

这种独自离家，倒像是一种沉淀，身为母亲后的再厘清。老公传来父子二人戴上安全帽耍宝的照片，说是要给妈妈看的时候，儿子拍起照片来特别配合，他们笑起来是那么样的快乐，附上一句："你的两个男人很好哦，等你回来！（亲）"你心底的自由早已心甘情愿地被绑架，虽然形体还在海的另一处飘荡。

几年前出版的《后悔当妈妈》一书提到，**当妈妈这件事本身就是个创伤，除了身体上的痛苦、辛劳和疲惫，更有看不见的心理议题、童年经验、社会道德要面对，你不予置评那些听来悲观无奈的述说，但你不可否认世俗眼光的巨大压力，所以反骨地加倍任性，你可以把想要的斜杠人生都照顾好，精彩自己**。

"不用担心，生妹妹前去放松一下，我们会很好的！"你的幸运，另一半是终结加诸于你身上的情绪勒索的开始。

"回到你们身边真好！"**你的世界放晴，是爱让你懂得取舍，去欣赏另**

一片海阔天空。你不是再也无法一个人，而是你“选择”不要一个人；可以放心的想念很好，但不要想念而直接拥抱更好。

“人生最大的挑战，就是在一个试图将你定型的世界里，诚实地做自己。”（Movie-Divergent）一旦当了妈妈，便是长长久久的，当这个世界用舆论枷锁你，唯有做自己想要的样子，才有足够的力量走完一辈子。

亲爱的你，爱自己的方式很多种，你不一定需要一场旅行，但人生需要一点休息、一段放逐……

只有你自己知道，你没有迫于无奈，将就于身份、裹足不前而后悔。